Moses Bloch

Der Vertrag nach mosaisch-talmudischem Rechte

Moses Bloch

Der Vertrag nach mosaisch-talmudischem Rechte

ISBN/EAN: 9783744629119

Hergestellt in Europa, USA, Kanada, Australien, Japan

Cover: Foto ©Suzi / pixelio.de

Weitere Bücher finden Sie auf **www.hansebooks.com**

16.

JAHRESBERICHT

DER

LANDES-RABBINERSCHULE

IN BUDAPEST

FÜR DAS SCHULJAHR 1892—93

Voran geht:

DER VERTRAG

NACH

MOSAISCH-TALMUDISCHEM RECHTE

VON

PROF. MOSES BLOCH.

BUDAPEST.
1893.

DRUCK VON ADOLF ALKALAY, PRESSBURG.

Vorwort.

Verträge sind so alt wie die menschliche Gesellschaft. Ohne gegenseitige Vereinigung des Willens ist ein gesellschaftliches Zusammenleben mehrerer Menschen unmöglich, es wäre ein Krieg Aller gegen Alle und somit das Verderben Aller. Schon die Vertheilung und Besitzergreifung des Bodens durch die ersten Geschlechter und ältesten Völker beruht auf gemeinschaftlichem Uebereinkommen; auch das Familienleben hatte in dem Vertrag seine Begründung. Nach und nach wurden die einzelnen Familien zur Befriedigung der nothwendigsten Lebensbedürfnisse auf einander angewiesen, Tausch und Kauf zeigte sich als dringend geboten und es entstand das Vertragsverhältniss zwischen Verkäufer und Käufer.

So schloss Abraham einen Kaufvertag mit Efron und kaufte von diesem um den Kaufpreis von 400 Silberschekel die Doppelhöhle zu Mamre zur Erbgrabstätte; so schloss Josef in Aegypten mehrere Kaufverträge bezüglich der Grundstücke und deren Erträgniss; so hat Moses einen bedingten Tauschvertrag mit zweieinhalb Stämmen bezüglich des ihnen zuzutheilenden Erbbesitzes geschlossen.

1*

Es ist selbstverständlich, dass in der Folge, als die Verträge die Grundlage der meisten Rechtsgeschäfte bildeten, gesetzliche Normen für die mannigfachen Verträge aufgestellt werden mussten. Das 2. Buch Moses enthält verschiedene Gesetze über das Dienstverhältniss, über Depositen, Leihe, Miethe und Darlehen; im Leviticus finden wir Gesetze über den Kauf von beweglichen und unbeweglichen Gütern, Verbote der Uebervortheilung, des Betruges durch falsches Gewicht und Maass, eines Darlehens auf Zinsen u. m. a. Doch das, was die schriftliche Lehre nur kurz andeutet, ist im Talmud und in den Codices ausführlich behandelt und wurde durch die Praxis erweitert; die Summe all dessen bildet das mosaisch-talmudische Vertragsrecht.

Dieser sehr wesentliche Bestandtheil der gesammten mosaisch-talmudischen Rechtslehre fand in neuerer Zeit nur wenig Beachtung.

Michaelis übergeht es in seinem »Mosaisches Recht« vollständig; Saalschütz (»Das mosaische Recht«) begnügt sich mit dem in einer Anmerkung in gedrängter Kürze angeführten Zueignungsacte bei einem Kaufe; Auerbach („Das jüdische Obligationsrecht") behandelt wohl das Obligationsrecht als solches sehr weitläufig, nicht aber das Vertragsrecht, noch die bei der Schliessung eines Vertrages erforderlichen gesetzlichen Normen. Fassel endlich (»Das mosaische rabbinische Civilrecht«) berücksichtigt in erster Reihe die Gesetze des Civilrechts, die auf dem Vertragsrecht beruhen und aus den verschiedenen Verträgen fliessen, während die mannigfachen Vertragsrechte an und für sich bloss nebensächlich behandelt werden. Es hat dies seinen Grund darin, dass Fassel seinem Werke mehr den Charakter einer Gesetzessammlung, entsprechend dem oesterreichischen allgemeinen bürgerlichen Gesetzbuche, geben wollte, als den einer rechtswissenschaftlichen Abhandlung. Daher begnügt er sich mit dem Hinweise auf den Sehulchan Aruch ohne aus den talmudischen Quellen selbst zu schöpfen, wodurch manche Unrichtigkeiten und Auslassungen nicht vermieden werden konnten.

In der vorliegenden Schrift bemühte sich der Verfasser den Vertrag, abgesondert von den daraus fliessenden Civilrechtsfällen, als selbstständigen Theil der mosaisch-talmudischen Rechtslehre systematisch mit stetigem Hinweise auf die ersten Quellen und mit vergleichender Berücksichtigung des römischen Vertragsrechtes fasslich darzustellen ; ob ihm dies gelungen ist, das sei dem Urtheile der Fachmänner überlassen.

Budapest im Mai 1893 (5653).

Der Verfasser.

Inhaltsübersicht.

Einleitung.

I. Hauptstück.

Der Vertrag.

I. Capitel.

Vom Vortrage überhaupt.

II. Capitel.

Von der Willensfähigkeit.

III. Capitel.

Mangel eines ernsten Willens.

II. Hauptstück.

Selbstbeschränkung des Willens.

I. Capitel.

Abhängigkeit des Vertrages von ungewissen Umständen.

III. Hauptstück.

Gewagte Verträge.

I. Capitel.

Hoffnungs- und Glücksverträge.

II. Capitel

Aufhebung der Asmachta.

IV. Hauptstück.

Obligatorische Verträge

I. Capitel.

Der Darlehensvertrag.

II. Capitel.

Der Pfandvertrag

III. Capitel

Der Bürge.

IV. Capitel.

Der Leihevertrag.

V. Capitel.

Die Miethe.

VI. Capitel.

Die Dienstmiethe.

VII. Capitel.

Der Vertrag mit einem Werkmeister.

VIII. Capitel.

Der Bote.

IX. Capitel.

Der Bevollmächtigte.

X. Capitel.

Der Makler.

XI. Capitel.

Das Depositum.

VI. Capitel.

Gesellschaftsvertrag.

VI. Hauptstück

Der Ehevertrag.

I. Capitel.

Einleitung.

Corrigenda.

S. 3 Anmerkung 2 l. c. 2. für §. 2.

„ 13 Z. 4 v. unten „ der   „ den

„ 14 „ 3 „ oben „ Geld „ Gold

„ 72 „ 14 „. „, „ Gebenden für Gebenten

„ 92 „ 4 „. „, „ der für des.

Einleitung.

§. 1.

Das dingliche Recht an einer bestimmten Sache kann 1. auf eine andere Person übertragen und 2. zu Gunsten eines Anderen bloss beschränkt werden. Im ersten Falle geht das dingliche Recht auf den Anderen über und das Object wird nun dessen Eigenthum. So z. B. überträgt der Verkäufer (מוכר) dem Käufer (לוקח) die unbeschränkte Herrschaft über das Kaufobject (חפץ); so der Schenker (נותן) dem Beschenkten (מקבל) über das Geschenk (מתנה) und der Erblasser (מוריש) dem Erben (יורש) über das Erbgut (ירושה) u. dgl. m. Wird hingegen der Eigenthümer einer Sache zu Gunsten eines Anderen bloss zur Leistung oder Unterlassung einer Handlung verpflichtet, so ist dies wohl eine Beschränkung des Eigenthümers in seinem dinglichen Rechte aber das dingliche Recht hat der, zu dessen Gunsten die Verpflichtung gemacht wurde, nicht erworben. Das Object seines Rechtes ist nicht eine Sache, sondern die Person des Verpflichteten. Es ist kein קנין (Erwerb eines Eigenthums), sondern ein חוב, שעבוד (eine Schuld, eine Obligation), jenes Rechtsverhältniss, wonach der Eine (מלוה, Gläubiger, Creditor) die Leistung oder Unterlassung einer Handlung von einem Andern (לוה, Schuldner, Debitor) verlangen kann, zu welcher dieser verpflichtet (מחויב, משועבד) ist. So ist z. B. das Recht des Darlehengebers, die Immobilien des Darlehennehmers, selbst wenn dieser sie veräussert hat, gerichtlich zu exequiren, bloss ein שעבוד נכסים; deren Eigenthümer wird er erst dann, wenn die Execution wirklich vollzogen ist.[1] So ist auch die Verpflichtung eines Besitzers von Grundstücken, bei deren Verkauf dem angrenzenden Besitzer das Vorkaufsrecht einzuräumen (דינא דבר מצרא),[2]

---

[1] Siehe Talmud Pesachim 31ᵃ.
[2] Baba Meziah 108ᵃ.

bloss eine Obligation, eine Beschränkung, nicht aber eine Uebertragung des dinglichen Rechts u. dgl. m.

§. 2.

Der Entstehungsgrund der Uebertragung des dinglichen Rechts und in der Regel auch der der Obligation ist der Vertrag ; doch gibt es Fälle, wo positive Gesetzesvorschriften die Herrschaft des Eigenthümers beschränken und ihn obligiren. So z. B. die vom Gesetze dem Erblasser auferlegte Beschränkung bezüglich der Einsetzung einer Tochter als Erbin, wenn er einen Sohn hat ; so die Verpflichtung des Erblassers, seinem erstgeborenen Sohn (בכור) ein doppeltes Erbtheil zuzuerkennen u. dgl. m.

I. Anmerkung. Das Röm. Recht stellt fünf Entstehungsgründe der Obligation auf, und zwar :

1. Den Vertrag ;
2. den einseitigen Willen des Schuldners resp. seines Erblassers bei Pollicitationen (d. i. bei einem Versprechen zu Gunsten einer Gemeinde, die von einem Unglück, z. B. von einem Brand betroffen wurde) und bei Vermächtnissen ;
3. den Willen des Richters ;
4. das einseitige Eingreifen einer Person in die Rechtssphäre einer anderen (delict) ;
5. die positive Gesetzesvorschrift.

(Vgl. Baron, Pandekten, Leipzig 1879, §. 210).

Da aber nach talmudischem Recht Schenkungen für das Heiligthum, sowie an Arme oder für öffentliche religiöse und wohlthätige Anstalten keines rechtlichen Zueignungsaktes bedürfen, sondern durch das mündliche Versprechen allein in das Eigenthum der beschenkten Anstalt übergehen[1]) (אמירתו לגבוה כמסירה להדיוט דמי), und der Schenker bloss die Pflicht der Uebergabe des Geschenkes hat, so ist die Pollicitation nach talm. Recht mehr eine Uebertragung des Eigenthumsrechts als eine Obligation und da ferner bei anderen Vermächtnissen der Schenker bis zu seinem Tode das Vermächtniss widerrufen kann, und so er es nicht widerrufen hat, das Legat beim Todeseintritt sofort in das Eigenthum

---

[1]) Kidduschin 28[b]; Maim. Mechira c. 9, §. 1. Vergl. mein : Das mos.-talm. Erbrecht §. 96.

der Bedachten übergeht[1]) (דברי שב"ם ככתובי' וכמטורי' דמי), so ist auch dies mehr eine Uebertragung des Eigenthums als eine Obligation. Was aber den Willen des Richters betrifft, so muss nach talm. Recht dessen Urtheil, mit Ausnahme des in den seltensten Fällen anzuwendenden שודא דדייני, in den Gesetzesvorschriften begründet sein; selbst beim Eingreifen einer Person in die Rechtssphäre einer andern sind sowohl Schadenersatz, als die bei Delicten zu verhängenden Geldstrafen in den Gesetzesvorschriften normirt; nur in ausserordentlichen Zeitverhältnissen ist dem Richter die Macht eingeräumt, nach eigenem Ermessen zu strafen[2]) (ב"ד מכין ועונשין שלא מן הדין לעשות סייג לתורה) daher ist die Obligation, die auf Grund eines richterlichen Willens entstanden ist, und die, welche in dem einseitigen Eingreifen einer fremden Person in die Rechtssphäre einer anderen begründet ist, in jenen Obligationen enthalten, deren Entstehungsgrund die positive Gesetzesvorschrift ist.

II. A n m e r k u n g. Bezüglich jener Obligationen, welche im Gesetze begründet sind, ist zu bemerken, dass es 1. solche gibt, welche in dem Rechtsgesetz ihren Grund haben und 2. solche, welche aus den Vorschriften der mosaischen Religion und ihrer Sittenlehre entstehen. So bildet die Pflicht des Darlehennehmers dem Darlehengeber das Darlehen zu bezahlen (שעבוד הגוף), oder die Pflicht eine verlorene Sache deren Eigenthümer zurück zu stellen (השבת אבדה) eine rechtliche Obligation deren Erfüllung dieser vom Finder fordern kann; hingegen ist die Pflicht des Grundbesitzers, bestimmte Theile der Ernte den Priestern, Leviten und Armen zu geben (תרומות, מעשרות ומתנות כהונה בכלל, מעשר עני, לקט, שכחה ופאה) eine sittliche Obligation, die nicht minder das dingliche Recht des Eigenthümers beschränkt; diesem steht die Wahl des Priesters frei, dem er die Gabe reichen will (טובת הנאה לבעלים) kein einzelner Priester ist berechtigt, die Gabe für sich zu fordern (ממון שאין לו תובעין).

---

[1]) Siehe mein Erbrecht §. 78.
[2]) Siehe Synhedrin 46ᵃ; Ch. M. § 2.

I. Hauptstück.

Der Vertrag.

1. Capitel. Vom Vertrage überhaupt.

§. 3.

Begriff und Arten.

Der Vertrag ist die vereinigte Willenserklärung zweier oder mehrerer Personen über die Entstehung, Endigung, Aenderung eines Rechts. Er findet Anwendung: als dinglicher Vertrag (z. B. die Tradition), als obligatorischer Vertrag, als Ehevertrag und als Erbvertrag.

§. 4.

Begriff des obligatorischen Vertrages.

Der obligatorische Vertrag ist die vereinigte Willenserklärung zweier oder mehrerer Personen darüber, dass die eine oder die andere, oder dass sie sich gegenseitig eine Leistung machen sollen (Baron, Pandekten §. 212); demzufolge gibt es:
1. einseitige Verträge und
2. zwei- oder gegenseitige Verträge.

Einseitige Verträge sind solche, aus denen für die eine Partei eine Forderung, für die andere eine Schuld entspringt, so dass die eine als Gläubiger und die andere als Schuldner erscheint. Hingegen sind gegenseitige (zweiseitige) Verträge solche, aus welchen für jede Partei sowohl eine Forderung als eine Schuld entsteht, jede Partei ist deshalb Gläubiger und Schuldner zugleich.

Anmerkung. Das alte röm. Recht unterscheidet 4 Arten der Contracte und zwar:
1. Verbalcontracte,   2. Literalcontracte,
3. Realcontracte und   4. Consensualcontracte.

Die ersten beiden nennt man formelle; die beiden letzten nichtformelle oder materielle Contracte. Der Verbalcontract besteht in dem Gebrauch gesprochener Worte (verba); dahin gehört die Stipulation, d. i. eine ihrer Form nach directe mündliche Frage des einen Contrahenten (stipulator, reus stipulandi) und eine mündliche Antwort des andern (promissor, reus promittendi); ursprünglich waren die Worte vorgeschrieben, später der freien Wahl der Parteien überlassen. Durch Kaiser Leo (469) wurde alle Wortfeierlichkeit der Stipulationen abgeschafft, mithin der Gebrauch irgend welcher Worte und Wortformen freigegeben. Es war gebräuchlich über die Stipulation eine Urkunde (cautio) aufzunehmen und in Folge dessen sprach man die Stipulation nicht mehr, sondern man schrieb sie in der Cautio nieder, so ging die Stipulation der Sitte nach in einen schriftlichen Contract über.

Der Literalcontract besteht in einer gewissen Schriftform (literae). Zu Justinians Zeit ist er abgekommen.

Der Realcontract besteht in einer Leistung des Gläubigers (res) und ist nach Justinianischem Rechte doppelter Art: die sogenannten benannten und die unbenannten Realcontracte.

Die benannten sind jene Realcontracte, welche auf eine Rückleistung des Gegebenen gerichtet sind, sei es der Gattung nach, sei es in derselben Species, wie z. B. Darlehen, Depositum u. dgl.; sie sind giltig, obgleich das Rückleistungsversprechen formlos erfolgt ist.

Die unbenannten Realcontracte sind solche, wo Jemand einem Andern eine Leistung unter der formlosen Verabredung einer Gegenleistung macht. Nach dem Recht der Republik war in diesem Falle keine Verpflichtung des Empfängers zu Stande gekommen und der letztere konnte, wenn er nicht freiwillig leistete, von dem Vorleistenden nur auf Rückleistung des Empfangenen belangt werden, weil er ihn in seiner Erwartung der Gegenleistung getäuscht hatte. Seit dem Anfange der Kaiserzeit aber gilt der Empfänger zur verabredeten Gegenleistung verpflichtet; es ward aber trotzdem die Befugniss des Vorleistenden, die Vorleistung zurück zu fordern, nicht aufgehoben; vielmehr hing es von

seiner Wahl ab, ob er den Empfänger zur Erfüllung der
Gegenleistung oder ob er ihn zur Rückgabe der Vorleistung
anhalten wollte. Die hieher gehörigen Verträge wurden in
vier Kategorien eingetheilt : do ut des (Tausch), do ut facias,
facio ut des, facio ut facias.

. Durch formlose Abrede (Consensualcontracte) entstanden
nach altem Civilrecht bloss in vier Fällen giltige Obligationen :
Kauf, Miethe, Societät und Mandat. (Baron, Pandekten §. 209.)
Nach talmud. Rechte ist (mit Ausnahme einiger Fälle wie
שטרי פסיקתא, dos) ein Vertrag erst dann giltig, wenn Einer
der Contrahenten einen entsprechenden Zueignungsact gemacht hat oder wenn die Verabredung überhaupt durch das
Symbol des Mantelgriffes (קנין סודר) bekräftigt wurde, daher
gibt es nur Realverträge und theilweise (bei Immobilien)
Literalverträge (שטרות); Verbal- und Consensualverträge sind
nach talm. Recht wirkungslos.

§. 5.

Erfordernisse zum Abschluss eines Vertrags.

Aus dem Begriffe des Vertrages ergeben sich die Erfor-
dernisse zum rechtsgiltigen Abschlusse desselben ; diese sind :
I. dass der Erklärende willensfähig sei,
II. dass die Erklärung keine Scheinerklärung sei,
III. dass die Willenserklärung nicht auf einem Irrthum
beruhe,
IV. dass die Willenserklärung eine freie, durch keinen
äusseren Zwang veranlasste sei.

II. Capitel. Von der Willensunfähigkeit.

§. 6.

Vorbemerkung.

Der Vertrag setzt so wie jede Handlung das Willens-
vermögen voraus. Wer dasselbe in solchem Masse besitzt,
dass er gesetzlich zur Vornahme von erlaubten Handlungen
resp. Rechtsgeschäften fähig ist, heisst handlungs- oder vertragsfähig. Die von Handlungsunfähigen abgeschlossenen
Verträge sind in der Regel ungiltig ; doch gibt es verschie-

dene Arten der Willensunfähigen, die bezüglich der Giltigkeit ihrer Handlungen sich von einander unterscheiden.

§. 7.

Die Kinder.

Nach mosaischem Recht sind Kinder, und zwar Knaben
bis zum Eintritt in das vierzehnte und Mädchen in das drei-
zehnte Lebensjahr, unfähig ein Rechtsgeschäft abzuschliessen,
ihre Verkaufs- und Schenkungsverträge sind daher ungiltig.[1] Das talm. Recht hat jedoch, den Umstand erwägend,
dass Kinder nicht selten in die Nothlage kommen, zu ihrer
Nahrung und zur Befriedigung anderer für das Leben noth-
wendiger Bedürfnisse das Eine oder das Andere ihrer beweglichen Güter zu veräussern, die gesetzliche Anordnung
getroffen, dass Kinder, welche das siebente Lebensjahr
erreicht haben, und deren Verstand und Willenskraft entsprechend entwickelt sind, dass sie für den Geschäftsgang
das nöthige Verständniss haben, (הפעוטות לזמן הגיעו) Mobilien zu veräussern berechtigt sein sollen.[2] Immobilien hingegen können sie erst nach Erreichung des vierzehnten resp.
dreizehnten Lebensjahres rechtlich veräussern und zwar nur
solche, die durch einen Vormund für sie gekauft oder ihnen
von Jemandem geschenkt wurden; über Grundstücke hingegen,
die ihnen als Erbtheil zugefallen sind, können sie erst im
zwanzigsten Lebensjahre (in Ausnahmsfällen sogar erst im
36. Lebensjahre) rechtsgiltige Verträge abschliessen.[3]

Wurde aber dem Minderjährigen ein Vormund bestellt,
so ist, selbst wenn er die oben bezeichnete Periode der
פעוטות erreicht hat und geistig entwickelt ist, auch bei beweglichen Sachen das Rechtsgeschäft, welches er ohne Zu-
stimmung des Vormundes abgeschlossen hat, ungiltig.[4]

---

[1] Gittin 59[a]; Maim. Mechira c. 29, §. 1; Choschen Mischpat c 235,
§. 1. Bezüglich des Erwerbens durch Schenkung sind die Ansichten
getheilt; siehe hierüber Maggid Mischna zu Maim. a. a. o. und Meirath
Enajim c. 235, Gl. 2.

[2] Gittin 59[a], 65[a]; Maim. Mechira c. 29, §. 6; Ch. M. a. a. O.

[3] Baba Bathra 155, 156[a]; Maim. a. a. O. §§. 6, 12—16; Ch. M.
c. 235, §§. 1, 8—12.

[4] Kethubot 70[a]; Maim. a. a. O. §. 7; Ch. M. a. a. O. §. 2.

Anmerkung. Nach röm. Recht stehen Kinder in dem Alter der impuberes oder pupilli (Unmündigkeit): *a)* infantes, qui fari non possunt, Kinder bis zum vollendeten siebenten Jahre, *b)* qui fari possunt, d. h. Knaben bis zum vollendeten vierzehnten, Mädchen bis zum zwölften Jahre. Das Alter der Mündigkeit (puberes) ist die Zeit vom vierzehnten resp. zwölften Lebensjahre. Grossjährigkeit erlangt man im Alter von 25 Jahren. Unmündige Kinder, welche über die Kindheit hinaus sind (infantiae majores), mögen sie unter väterlicher Gewalt stehen oder nicht, können zwar erwerben, nicht aber sich verpflichten, noch etwas veräussern. Mündige Minderjährige, welche von der väterlichen Gewalt frei sind und deshalb heute stets unter Vormundschaft gestellt werden, können gleichfalls nur erwerben, nicht aber sich verpflichten noch etwas veräussern, sie haben vor den infantes majores nur die Fähigkeit zur Errichtung eines Testaments und zur Leistung eines promissorischen Eides voraus. Anders ist die Handlungsfähigkeit der mündigen Hauskinder: sie können erwerben und sich durch alle Verträge mit Ausnahme des Darlehens verpflichten; sie können aber in der Regel kein Testament machen und auch unter Lebenden nichts veräussern. (Baron, Pandekten §. 49 und §. 21.)

§. 8.

Körperliche Gebrechen.

Es gibt körperliche Gebrechen, durch welche der damit Behaftete nur theilweise handlungsfähig ist; diese sind: die Taubheit und Stummheit. Diesbezüglich sind die folgenden drei Arten zu unterscheiden,

I. der Taubstumme (הרש שאינו שומע ואינו מדבר),

II. der Taube, welcher spricht (מדבר ואינו שומע),

III. der Stumme, welcher hört (אלם, שומע ואינו מדבר).

I. Der Taubstumme ist nach mosaischem Recht völlig handlungsunfähig und nicht berechtigt, einen Vertrag abzuschliessen; nach dem talmudischen Rechte jedoch ist er dem unmündigen Kinde gleich, das ein Alter von sieben Jahren erreicht hat; er kann daher über Mobilien Kauf- und Schenkungsverträge rechtsgiltig abschliessen und zwar durch Zeichen mit den Händen und durch Bewegung des Kopfes

(ברמיזה); er muss jedoch vorher genau untersucht und durch
die Zeichensprache müssen ihm drei Fragen zum Verständniss
gebracht worden sein, von denen abwechselnd zwei bejahend
und eine verneinend oder zwei verneinend und eine bejahend
zu beantworten sind; hat nun der Taubstumme durch Bewegung des Kopfes und der Hände die Fragen richtig beant-
wortet, ist der von ihm abgeschlossene Vertrag giltig (בודקי"
אותו בדברים אחרים לסירוגין ג' פעמים חד הן ותרי לאוין או תרי הן
וחד לאו אם הרכין בראשו על לאו לאו ועל הן הן).

Diese Prüfung seines Verstandes nützt jedoch bloss
bezüglich beweglicher Objecte, nicht aber in Betreff unbeweglicher Güter[1]); über diese hat er kein Verfügungsrecht.

II. Der Taube, welcher wohl sprechen kann aber gar
nichts zu hören vermag, ist nach der Ansicht Maimunis[2])
bezüglich des Vertragsrechtes dem Taubstummen gleich
gestellt.

III. Der Stumme, welcher hört, ist sowohl bezüglich
beweglicher als unbeweglicher Güter vertragsfähig, so er die
oben bezeichnete Prüfung seines Verstandes gut bestanden
hat; seinen Willen kann er durch Zeichen oder auch schriftlich bekannt geben.[3])

§. 9.

Geisteskranke.

Der Geisteskranke (שוטה, Blödsinnige, Wahnsinnige) ist
willensunfähig und kann daher einen rechtlich giltigen Vertrag nicht abschliessen.[4]) Gleichwie dem unmündigen Kinde
ist dem Geisteskranken vom Gerichte ein Vormund (אפטרופוס),
Curator zu bestellen.[5])

Der nur periodisch Geisteskranke (עתים חלים ועתים שוטה)
kann, ohne Unterschied, ob die Krankheit mit der Gesund-

---

[1]) Gittin 59ᵃ, 71ᵃ; Maim. Mechira c. 29 §. 1, 2; Ch. M. c. 235,
§. 17; vergl. Eben Haeser c. 121, §. 5.

[2]) Maim. a. a. O; siehe Maggid Mischna z. St. und Beth Josef Ch.
M. 235; Schulchan Aruch Ch. M. das. §. 17.

[3]) A. a. O.

[4]) Jebamot 31ᵃ; Kethubot 20ᵃ; Maim. Mechira c. 29, §. 4; Ch.
M. c. 235, §. 20. Bezüglich der äusseren Merkmale, wodurch Jemand als
geisteskrank zu erklären sei, siehe Chagiga 3ᵃ; Jore Dea c. 1.

[5]) Kethubot 48ᵃ; Maim. a. a. O. §. 4; Ch. M. a. a. O. §. 20.

heit in gleichmässigen Perioden abwechselt oder nicht, in der
Zeit seiner Gesundheit giltige Verträge abschliessen, so seine
Gesundheit zur Zeit des Abschlusses mit völliger Gewiss-
heit constatirt ist.[1])

Dem Geisteskranken gleich gestellt ist der durch den
übermässigen Genuss geistiger Getränke bis zur Unzurech-
nungsfähigkeit Berauschte (שכור שהגיע לשכרותו של לוט); auch
dieser ist während des Rausches handlungsunfähig; ein von
ihm geschlossener Vertrag ist ungiltig.[2])

Anmerkung. Auch nach röm. Recht sind die Geisteskranken (ausser in lichten Zwischenräumen), ferner wegen
vorübergehender Geistesabwesenheit die völlig Betrunke-
nen, die Kranken, welche das Bewusstsein verloren haben,
und die Schlaftrunkenen völlig handlungsunfähig. (Baron,
Pandekten §. 49.)

III. Capitel. Mangel eines ernsten Willens.

§. 10.

Scheinverträge.

Der Vertrag muss, wenn er gelten soll, vom Contrahenten ernst gewollt sein; ist aber der Wille nicht ernst
gewesen, und die Erklärung desselben bloss zum Schein erfolgt,
um einen Andern zu täuschen, dann ist der Vertrag nichtig,
obgleich er als gewollt erscheint. Stellt z. B. eine Frau vor
ihrer Eheschliessung irgend einer Person eine Schenkungsurkunde über ihr sämmtliches, nicht in die Mitgift einbe-
zogenes Vermögen aus (נכסי מלוג), um dessen Fruchtgenuss
dem Gatten zu entziehen (שטר מברחת, eine Schenkungsurkunde zum Schein, um den Mann zu täuschen), so ist diese
Schenkung als Scheinschenkung bezüglich des Beschenkten
ungiltig, ohne Unterschied ob dieser ein Fremder, oder ob
er (bei einer Wittwe) ein Kind der vertragschliessenden
Frau ist.[3])

---

[1]) Jebamot 31ᵃ; Kethubot 20ᵃ; Maim. Mechira a. a. O. §. 6; Ch.
M. a. a. O. §. 21.

[2]) Erubin 65ᵃ; Maim. a. a. O. §. 18; Ch. M. c. 235, §. 22.

[3]) Kethubot 79ᵃ; Maim. Ischot c. 22, §. 9; Sechia c. 6, §. 12;
Eben Haeser c. 90, §. 7.

Da sie jedoch durch die Schenkung den ernsten Willen bewiesen hat, den Fruchtgenuss von den scheinbar verschenkten Gütern dem Manne nicht zu überlassen, wozu sie bei solchen Gütern, von denen dem Manne vor der Eheschliessung nicht bekannt war, dass sie der Frau gehören (נכסים שאינן ידועין לבעל), das Recht hat, so hat die ungiltige Schenkung doch die Wirkung, dass die Früchte jener Güter nicht dem Manne sondern der Frau gehören.

Ebenso ist der Mann nicht Erbe dieser Güter, wenn das Weib vor ihm stirbt; in diesem Falle wäre sogar der Beschenkte der Erbe, d. h. es würde dann die Schenkung als giltig angesehen werden; ungiltig ist sie nur beim Leben der Frau, der auch die Früchte zufallen; dies tritt ferner ein, wenn die Ehe durch den Tod des Mannes oder durch Scheidung aufgelöst wird.[1] Beschränkte sich aber die Schenkung bloss auf einen Theil des Vermögens der Frau, und hat diese nicht vor Zeugen erklärt, dass die Schenkung nur zum Schein geschehe, so ist sie in jeder Beziehung giltig.[2]

Lautete endlich die Schenkung: „es sei dir geschenkt von heute an, so ich es werde wollen" (מהיום ולכשארצה), dann ist kein Unterschied, ob die Schenkung das ganze Vermögen der Frau umfasst oder nur einen Theil desselben; nach der Ansicht Maimunis ist die Schenkung in jenem Falle erst dann giltig, wenn die Gattin ihre Einwilligung nachher ausdrücklich erklärt hat; bis dahin gehören ihr die Früchte; und stirbt sie beim Leben des Gatten ohne die Erklärung ihrer Zufriedenheit zur Aufrechterhaltung des Geschenkes abgegeben zu haben, so ist weder der Mann noch der Beschenkte Erbe, d. h. die Schenkung ist bezüglich des Beschenkten ungiltig. Nach der Meinung des R. Ascher hingegen ist im letzten Falle die Schenkung nur dann ungiltig, wenn die Frau diese widerrufen hat.[3]

---

[1] Kethubot 79ᵃ; Maim. Ischot c. 22, §. 9; Sechia c. 6. §. 12; Eben Haeser c. 85, §. 7, c. 90 §. 7.
[2] Kethubot a. a. O.; Baba Bathra 150ᵇ, 151ᵃ; Maim. und Eben Haeser a. a. O. Siehe Beth Schmuel Gl. 28.
[3] Maim. a. a. O.; Maggid Mischna und Kessef Mischna z. St.; R. Ascher Kethubot a. a. O.: Eben Haeser c. 90. §. 7; Beth Schmuel Gl. 29.

§. 11.

Fortsetzung.

Wenn jemand sein ganzes Vermögen einem Andern verschreibt und hernach ein Darlehen bei einem Dritten aufnimmt, der von dem Beschenkten, wenn er die Zahlung seiner Schuld zur festgesetzten Zeit fordert, mit der Einrede zurück gewiesen wird, dass der Schenkungsvertrag vor der Contrahirung der Schuld ausgestellt worden sei, dass mithin dem Gläubiger kein Executionsrecht (שעבוד) auf die Schenkungsobjecte zukomme, und wenn die begründete Vermuthung vorliegt (אומדנא דמוכח), dass die Schenkung bloss eine Scheinschenkung war, um den Gläubiger zu verkürzen (להבריח נכסיו מבעל חובו), dann wird dies als ein Scheinvertrag (שטר מברחת) behandelt, die Schenkung für ungiltig erklärt und der Gläubiger in sein Recht eingesetzt.[1])

Eine solche begründete Vermuthung findet z. B. statt, wenn der Schenker selbst noch nach erfolgter Verschreibung mit der Verwaltung des Vermögens oder mit der Führung des Geschäftes sich weiter befasst u. dgl.

Als Scheinvertrag (שטר מברחת) gilt es ferner, wenn Jemand ein Grundstück kauft und es einem Andern darum zuschreiben lässt, damit es von seiner Gattin für die Forderung der Kethuba oder vom Gläubiger für die der Schuld nicht exequirt werden könne.[2])

§. 12.

Der Irrthum.

Beruht der Beweggrund zum Abschluss eines Vertrages auf einer irrthümlichen Voraussetzung, so ist der Vertrag nichtig. Der Irrthum in dem Motive unterscheidet sich von dem Scheinvertrag dadurch, dass bei dem letzteren die Willenserklärung keine ernste ist, denn das, was man thatsächlich will, wird nicht erklärt, und was man nicht will, wird bloss zum Scheine erklärt; bei dem Irrthum im Motive hingegen wird das Vertragsverhältniss von dem Irrenden ernst-

---

1) R. Ascher Resp. c. 78, §. 3; Ch. M. c. 99, §. 7, 8.
2) R. Ascher Resp. a. a. O.; Ch. M. a. a. O.

lich gewollt, nur irrt er in der Voraussetzung, und irrige
Motive haben ihn bestimmt.

Wenn Jemand z. B. in der irrthümlichen Voraussetzung, sein verschollener Sohn sei todt, einem Anderen
sein ganzes Vermögen schenkt und der Sohn nachher erscheint, da war die Schenkung wohl eine ernst gewollte,
aber die Veranlassung dazu eine irrthümliche, denn hätte
der Schenker gewusst, sein Sohn sei am Leben, dann hätte
er sein Vermögen keinem Fremden geschenkt, der Vertrag
ist darum nichtig und die Schenkung ungiltig.[1]

Diese Vermuthung ist jedoch nur dann fest begründet
(דמוכח אומדנא), wenn dem Fremden das ganze Vermögen als
Schenkung übertragen wurde; hat man jedoch einen Theil
seines Vermögens für sich zurückbehalten, so ist der Vertrag nur dann nichtig, wenn der irrige Grund der Schenkung ausdrücklich angegeben wurde.[2]

Anmerkung. Ueber die Irrthümer bezüglich des We-
sens und des Werthes des Vertragsobjectes (z. B. verborgene
Fehler, Uebervortheilung u. dgl. m.) siehe weiter unten §§.
79, 80, 81.

§. 13.
Der Zwang.

Ein wesentliches Erforderniss zur rechtlichen Giltigkeit
eines Vertrages ist ferner, dass das Uebereinkommen der
Ausfluss eines freien, durch keine Drohung oder physische
Gewalt erzwungenen Willens sei. Die Contrahenten müssen
aus freiem selbstständigem Entschlusse die Verabredung
treffen, nicht aber aus durch Drohungen erregter Furcht
oder infolge äusserer Gewalt. (אונס מחמת).

Doch ist in dieser Hinsicht nach talm. Recht zu unterscheiden zwischen einem Kaufvertrag und einer Schenkung.
Den Kaufvertrag hat in der Regel selbst dann rechtliche
Giltigkeit wenn der Verkäufer durch Drohung oder Anwendung äusserer Gewaltmittel (körperliche Gefahr) zur Willenserklärung sich entschliessen und den Kaufpreis übernehmen

---

[1] Baba Bathra 132ᵃ, 146ᵇ; Maim. Sechia c. 6, §. 1; Ch. M. c.
146, §. 1.

[2] Baba Bathra 146ᵇ; Maim. und Ch. M. a. a. O.; siehe auch Ch.
M. §. 2 und 3.

14

musste. (תליוה וזבין זביניה זביני) „Wenn der Verkauf auch er-
zwungen wurde, ist er dennoch giltig" (אגב אונסיה גמר ומקנה)
„Denn da der Verkäufer den Werth in Gold ersetzt erhält,
ist er am Ende zur Uebertragung des Eigenthumsrechtes an
den Käufer wirklich einverstanden, um nur der Gefahr zu
entgehen"[1]); eine durch Drohung oder Gewalt erzwungene
Schenkung ist jedoch nichtig (תליוה ויהיב אין מתנתו מתנה).

Hat aber der Verkäufer vor Abschluss des Vertrages vor
zwei Zeugen, denen seine Zwangslage bekannt ist, erklärt,
dass er den Kaufpreis nur annehme, um der Gefahr zu entkommen, dass er jedoch mit dem Verkaufe nicht einverstanden
sei, (מסר מודעא קודם מכירה) dann ist der Kauf ungiltig, der
Vertrag nichtig.[2])

Hat der Verkäufer diese Erklärung nicht abgegeben und
bezieht sich der Zwang nicht auf den Verkauf sondern auf den
Preis, dass er nämlich das Object unter seinem Werthe
dem Dränger überlassen musste, so ist der Kauf ebenfalls
ungiltig.[3])

Ganz anders verhält es sich aber bei einer Schenkung,
zu der der Geber gezwungen wurde ; diese ist in allen Fällen ungiltig, da der Grund, dass der Eigenthümer darum,
weil er den Werth seines Objectes in Geld erhält, am Ende
doch einverstanden sei, bei einer Schenkung keine Anwendung findet.[4])

§. 14.

Fortsetzung.

Ist der Druck, der auf dem Verkäufer lastet, kein
äusserer sondern ein in dessen traurigen Vermögensverhält-
nissen begründeter (אונסא דנפשיה), dann ist der Kauf giltig.[5])
Wird der Käufer durch äussere Gewalt zum Kaufe
gezwungen, so ist der Kauf in jedem Falle ungiltig.[6])

---

[1]) Baba Bathra 47b, 48 ; siehe Tosafot 48a; s. v. אמר Maim.
Mechira c. 10, §. 1 ; Ch. M. c. 205, §§. 1—7.
[2]) Baba Bathra 40b, 48b; Maim. und Ch. M. a. a. O.
[3]) Ch. M. c. 205, §. 4.
[4]) B. B. a. a. O.; Maim. a. a. O. §. 3; Ch. M. c. 242, §. 1.
[5]) Baba Bathra 47b; Ch. M. c. 205, §. 12.
[6]) Ch M. a. a. O. Glosse zu §. 12.

A n m e r k u n g. Das röm. Recht unterscheidet zwischen
Verträgen, zu welchen der Handelnde durch Anwendung
physischer Gewalt veranlasst wurde und solchen, die aus durch
Drohungen erregter Furcht zu Stande gekommen sind. Im
Falle der physischen Gewalt (sog. vis absoluta, Ueberwälti-
gung durch körperliche Macht, mechanischer Zwang, z. B.
Jemand führt einem Andern mit Gewalt die Hand zur Unterschrift eines Vertrages), wird das Rechtsgeschäft von dem
Handelnden nicht gewollt, er will weder das Eintreten einer
juridischen Wirkung noch selbst die Erklärung des Willens,
gleichviel ob die Gewalt eine bedeutende, unwiderstehliche
war oder nicht; der unter diesem Druck geschlossene Vertrag ist daher nichtig.

Anders verhält es sich aber, wenn Jemand durch
Drohungen in Furcht versetzt (metus, sog. vis compulsiva,
physische Gewalt, psychologischer Zwang) und dadurch zur
Vornahme eines ihm nachtheiligen Rechtgeschäftes bewogen
wird, hier ist das Rechtsgeschäft sein Wille, denn er hatte
die Wahl, ob er dem Verlangen des Drohenden nachkom-
men oder ob er das angedrohte Uebel über sich ergehen
lassen wollte und er wählte das Erstere. In Folge dessen ist
das Rechtsgeschäft nach altem Civilrecht durchaus giltig ;
erst im praetorischen Recht ward es, weil die Billigkeit es
verlangt, für anfechtbar erklärt unter der doppelten Voraussetzung: 1. dass ein bedeutendes Uebel angedroht wird,
d. h. wenn Leben, Leib, Freiheit des Handelnden selbst
oder seiner nahen Angehörigen, nicht aber wenn ihr guter
Ruf oder ihr Vermögen bedroht wird; 2. dass die Verwirk-
lichung der Drohung in der Macht des Drohenden lag, der
Bedrohte also sich nicht einer unwürdigen Furchtsamkeit
hingab. (Pandekten §. 50, III. §. 51, II.)

II. Hauptstück.

Selbstbeschränkung des Willens.

I. Capitel. Abhängigkeit des Vertrages von ungewissen Umständen.

§. 15.
Begriff und nähere Bestimmung.

Der den Vertrag erzeugende Wille kann sich selbst beschränken, d. h. es können solche Bestimmungen festgesetzt werden, durch welche der Wille mit ausserhalb liegenden Verhältnissen in Verbindung gebracht wird. Solche Verhältnisse sind ungewisse Umstände, von denen der Wille bedingt wird und werden Bedingungen genannt. Bedingung (הנאי) bedeutet demnach die bei einem Vertrag getroffene Bestimmung, durch welche die Willenserklärung von einem ungewissen Umstande abhängig gemacht wird. Die Bedingung ist eine willkührliche Anordnung der Contrahenten und kann sowohl bei dem einseitigen als bei dem gegenseitigen, sowohl bei dem entgeltlichen als dem unentgeltlichen, bei dem unter Lebenden als dem von Todeswegen (מתנת שכ"מ) abzuschliessenden Vertrag getroffen werden. Durch die Bedingung wird die Willenserklärung beschränkt und der Vertrag befindet sich bis zur Erfüllung der Bedingung oder bis zu ihrem Ausbleiben in einem schwebenden Zustande.

§. 16.
Arten der Bedingung.

Die Bedingung kann:

1. positiv oder negativ sein, d. h. es kann von dem Eintreten des Umstandes oder von seinem Nichteintreten die Giltigkeit des Vertrages abhängig gemacht werden.

2. Es kann sein Eintreten lediglich von der Willkühr des bedingt Berechtigten abhängen; (z. B. ich gebe dir einen Theil dieses Hauses, wenn du innerhalb sechs Monate hier deinen Wohnsitz nehmen wirst), oder von der Willkühr des Verpflichtenden (z. B. wenn ich bis zu dem festgesetzten Tage nicht zurückkomme, soll dieses Grundstück dein Eigen-

thum sein), oder von beiden unabhänigig (z. B. wenn Jener
den Theil seines Hauses dir überlassen wird, so gebe auch
ich dir meinen Theil), oder endlich beides zugleich, (z. B.
ich schenke dir einen bestimmten Betrag, wenn du und dein
Bruder innerhalb einer festgesetzten Frist den hiesigen Platz
verlassen werdet.)

§. 17.

Form der Bedingung.

Die Form, in welcher eine Bedingung gestellt werden
kann, ist eine dreifache; auch bezüglich ihrer Wirkung
unterscheiden sich diese Bedingungen von einander.

I. Zur ersten Form gehört die Bedingung mit dem
Wörtchen: „Wenn" (אם), z. B. wenn du u. s. w., verkaufe
ich dir dieses Object.

II. Die zweite Form ist: „von jetzt, wenn" u. s. w.
(מעכשיו אם) oder „von heute wenn" (מהיום אם).

III. Die dritte Form endlich lautet „unter der Bedingung" (על מנת).

§. 18.

Die Bedingungsform: „Wenn" (אם)

Wird die Bedingung mit der Form „Wenn" ausge-
drückt, so hat sie nur dann einen beschränkenden Einfluss
auf das Rechtsgeschäft (מעשה), wenn:

α) Die Bedingung sowohl den eintretenden als den
ausbleibenden Fall ausdrücklich erwähnt (תנאי כפול), z. B.
wenn du meinen Sohn auf seiner anzutretenden Reise begleiten und mit ihm zurückkehren wirst, soll dieser Gegenstand dir gehören; wenn du ihn aber auf seiner Hin- und
Rückreise nicht begleitest, dann soll das Object dir nicht
gehören.[1]

β) Wenn der bejahende Fall vor dem verneinenden in
der Bedingung erwähnt wird (הן קודם ללאו), z. B. wenn du
meinen kranken Freund im Laufe dieser Woche besuchen

[1] Kiduschin 61ᵃ; Maim. Ischot c. 6, §. 1—7; Mechira c. 11, §.1;
Sechija c. 3, §. 7; Ch. M. c. 207, §. 1; Eben Haeser c. 38, §. 2. Nach
Ansicht Einiger ist bei Rechtsgeschäften die Erwähnung des Falles
der Nichterfüllung der Bedingung nicht erforderlich. Siehe Maim. Ischot
c. 6, § 14 und Sechia c. 3, §. 8.

wirst, soll dieser Gegenstand dir verkauft sein, wenn du ihn aber in dieser Woche nicht besuchst, so soll der Kauf nichtig sein.[1])

c) Muss die Bedingung der Willenserklärung zum Abschlusse des Vertrages vorausgehen (תנאי קודם למעשה). Nach der Ansicht Mamuni's muss die Bedingung gestellt werden, bevor der Gegenstand des Rechtsgeschäftes dem Empfänger übergeben wurde. Nach der Meinung Anderer hingegen bezieht sich auch dieses Erforderniss auf die Form der Bedingung, d. h. die Bedingung muss folgendermassen lauten: „Wenn du dieses thun wirst, soll der Gegenstand dir gehören, wenn du dieses aber nicht thun wirst, soll das Rechtsgeschäft nichtig sein"; sie darf aber nicht mit den Worten beginnen: „Die Sache soll dir gehören, wenn" u. s. w.[2])

d) Muss die Bedingung eine erfüllbare sein (תנאי שאפשר לקיימו); eine Bedingung, die zu erfüllen unmöglich ist (z. B. Wenn du den Himmel erklimmen oder des Meeres Grund erreichen wirst u. dgl.), ist nichtig und der Vertrag als abgeschlossen zu beurtheilen[3]). (תנאי שא"א לקיימו תנאי בטל ומעשה קיים).

e) Darüber, ob die Bedingung nicht das Object des Rechtsgeschäftes selbst, sondern nur eine ausserhalb desselben liegende Handlung oder Unterlassung betreffen muss (שיהא תנאי ברבר אחד ומעשה בדבר אחר אבל לא תנאי ומעשה בדבר אחד), sind die Meinungen getheilt. Nach der Ansicht Maimunis kann die Bedingung das Object des Rechtsgeschäftes betreffen, selbst bei der Bedingungsform „Wenn" (אם); Andere aber behaupten, dass die Bedingung bei dieser Form

---

1) Gittin 75[b] Maim. Ch. M. und Eben Haeser a. a. O. Auch bezüglich dieses Erfordernisses geht die Ansicht mehrerer Gaonim dahin, dass es bei Rechtsgeschäften nicht nothwendig sei (siehe Maim. Sechia. c. 3, §. 8 und R. Abraham b. David das.)

2) Baba Meziah 94[a]; Gittin 75[a]; Maim. Ischot c. 6, §. 2, 4; (Siehe Maggid Mischna das.) Mechira und Sechia a. a. O.; Ch. M. und E. H. a. a. O.; Siehe Beth Schmuel c. 38, Gl. 2.

3) Baba Meziah 94[a]; Maim. Ch. M. und E. H. a. a. O. Eine Bedingung, die unerfüllbar ist, wird nicht ernst genommen und ist als ein blosser Scherz zu betrachten.

auf das Object des Rechtsgeschäftes nicht bezogen werden darf.[1)]

f) Ebenso sind die Ansichten darüher getheilt, ob auch
bei Handlungen, die durch keinen Stellvertreter unternom-
men werden hönnen, rechtsgiltige Bedingungen stattfinden.
(תנאי בדבר שא"א לקיים על ידי שליח).[2)]

§. 19.

Die Bedingungsform: „von jetzt ab, wenn“
(מעכשיו אם)

Die zweite Bedingungsform lautet: „von jetzt ab, wenn“
מעכשיו אם. Diese Form unterscheidet sich von der ersten
dadurch,

1) dass während bei der ersten Form, selbst wenn die
Bedingung erfüllt wird, die rechtliche Wirkung des Vertrages
erst mit der Stunde der Erfüllung beginnt, bis dahin aber
der Verpflichtete Eigenthümer des Objects ist, und Nutzen
und Schaden ihm gehören resp. er zu tragen hat, bei der
zweiten Form die Erfüllung der Bedingung rückwirkend ist,
d. h. der Empfänger ist durch die Erfüllung der Bedingung
schon von der Zeit der bedingten Willenserklärung Eigenthümer des Vertragsobjectes und Gewinn oder Verlust fallen
ihm zu oder mit andern Worten, bei der ersten Form wird
durch die Erfüllung der Bedingung die Willenserklärung
rechtskräftig, bei der zweiten Form wird durch das Nicht-
erfüllen der Bedingung die Willenserklärung aufgehoben.[3)]

2) Ein anderer wesentlicher Unterschied zwischen den
beiden Formen ist der, dass alle die im §. 18 angeführten
Erfordernisse zur Giltigkeit einer Bedingung, mit Ausnahme

[1)] Gittin 75ᵇ; siehe Tosefoth s. v. דתנאי; Baba Bathra 137ᵇ; Tosefoth s. v. לא und Maggid Mischna Ischot zu c. 6, §. 2 ; E. H. c. 38, §. 4;
Beth Schmuel Gl. 7.

[2)] Kethubot 74ᵃ. Siehe Maggid Mischna Ischot zu c. 6, §. 1 und
Kessef Mischna das.

Uebrigens findet dieses Erforderniss bei Rechtsgeschäften wenig
Anwendung, da dieselben durch einen Stellvertreter vollzogen werden
können; dies gehört in das Eherecht.

[3)] Kidduschin 60ᵃ; Maim. Ischot c. 6, §. 15, 16. Siehe Maggid
Mischna das.

jener, dass die Erfüllung eine mögliche sein muss, bei der zweiten Form nicht erforderlich sind.[1]

§. 20.

Die Bedingungsform: „mit der Bedingung" (על מנת).

Die Form „mit der Bedingung" (על מנה) ist in allen Beziehungen der Form: „von jetzt wenn" (מעכשיו אם) gleich[2] (כל האומר על מנת כאומר מעכשיו דמי).

1. A n m e r k u n g. Bei einem schriftlich bedingten Vertrag wird durch das Datum der Urkunde, selbst die einfache Form: „Wenn" (אם) gleich der von מעכשיו אם „von jetzt wenn". (זמנו של שטר מוכיח עליו)[3]

2. A n m e r k u n g. Bei den römischen Juristen war die Frage streitig, ob es nach erfüllter Bedingung so betrachtet werden solle, als wenn die Wirkung der Erfüllung sofort beim Abschluss des Rechtsgeschäftes eingetreten sei, d. h. ob die Erfüllung rückwirkende Kraft und auf den Augenblick des abgeschlossenen Rechtsgeschäftes zurück gezogen (retrotrahirt) werde? In die Justinianische Complication aufgenommen, wird das Princip der Rückziehung bei den Obligationen aus Verträgen aufgestellt; allein die einzelnen Entscheidungen in den Quellen rechtfertigen die Behauptung, dass die Rückziehung der Erfüllung der Bedingung zu verwerfen sei:

I. bei der Uebertragung des Eigenthums und bei Vermächtnissen; namentlich gilt derjenige, welchem eine Sache unter einer Bedingung zu Eigenthum übergeben worden ist, als Eigenthümer erst von dem Augenblicke an, wo die Bedingung erfüllt ist; ferner kann derjenige, der ein Grundstück unter einer Bedingung veräussert hat, vor erfüllter

---

[1] So ist die Ansicht Maimunis Ischot c. 6, §. 17; Eben Haeser c. 38, §. 3; R. Chananel und R. Ascher sind aber der Meinung, dass auch in dieser Form alle angeführten Erfordernisse nöthig sind. (Siehe R. Ascher Gittin zu Fol. 74; Tur Eben Haeser c. 38; R. Mosche Isserls Gl. zu §. 3 und Beth Schmuel das. Gl. 4.

[2] Gittin 74ᵃ u. a. m. O.; Maim. Ischot c. 6, §. 17, 18; Sechia c. 3, §. 8; Eben Haeser c. 38, §. 3.

[3] Baba Bathra 136ᵃ; Maim. Sechia c. 12, §. 15; Ch. M. c. 258, §. 1; siehe Gl. zu §. 2.

Bedingung Servitute zu Gunsten des Grundstückes erwerben,
und diese Servitute bleiben bestehen, wenngleich er durch
die Erfüllung der Bedingung das Eigenthum am Grundstück
verliert; ferner wird das bedingte Vermächtniss und die
bedingte Erbeeinsetzung ungiltig, wenn die Bedingung erst
nach dem Tode des Bedachten erfüllt wird, endlich verblei-
ben die Früchte eines bedingten Vermächtnisses bis zur
Erfüllung der Bedingung auch nach der Erfüllung dem Be-
schwerten.

II. Aber selbst bei den Obligationen aus Verträgen
geschieht ein Gleiches; namentlich ist der Kauf nichtig,
wenn die Sache zur Zeit der Erfüllung der Bedingung nicht
existirt. (Baron, Pandekten §. 55.)

§. 21.

Z w e i f e l ü b e r e r f ü l l t e B e d i n g u n g.

Die Bedingung kann eine positive oder negative sein,
d. h. es kann von dem Eintreten eines Umstandes oder von
seinem Nichteintreten die Willenserklärung abhängig gemacht werden. Bei einer positiven Bedingung liegt es in
zweifelhaften Fällen dem Empfänger ob, zu beweisen, dass
die Bedingung wirklich erfüllt wurde; hingegen hat bei
negativen Bedingungen der Beschwerte den Beweis zu er-
bringen, dass der Umstand eingetreten ist, wodurch die
Bedingung als nicht erfüllt gelten solle; denn es wird immer
vorausgesetzt, dass, insolange das Gegentheil nicht bewiesen
ist, keine Veränderung des Umstandes eingetreten sei[1])
(חזקת קמייתא).

§. 22.

U n f r e i w i l l i g e r f ü l l t e B e d i n g u n g.

Sowohl positive als negative Bedingungen gelten nur
dann als erfüllt, wenn die Erfüllung aus freiem Willen,
nicht aber zwangsweise oder durch irgend ein zufälliges
Ereigniss (באונס) herbeigeführt wurde; z. B. Jemand verpflichtet sich gegen einen Andern zu einer Leistung unter
der Bedingung, wenn er innerhalb einer bestimmten Zeit

---

[1]) R. Nissim Gittin Abschnitt 7; Ch. M. c. 241, §. 10; Eben
Haeser c. 38, §. 39.

kommen werde und seine Ankunft fand in der That statt,
jedoch war diese nicht eine freiwillige, sondern eine durch
eine äussere Gewalt ihm aufgenöthigte; oder wenn die Bedingung war: wenn er nicht kommen werde, und ihn Krank-
keit oder ein anderes unüberwindliches Hinderniss von der
Ankunft abhielten; in beiden Fällen wurde die Bedingung
wohl erfüllt, aber die Veranlassung ging nicht von dem sich
Verpflichtenden sondern von einer äusseren Macht aus; dies ist
daher so zu beurtheilen, als ob die Bedingung nicht erfüllt
worden wäre; die Obligation ist darum nichtig[1].)

1. Anmerkung. Darüber, ob die durch äussere
Hindernisse veranlasste Nichterfüllung der Bedingung (z. B.
die Bedingung war, wenn er kommen werde, und unüber-
windliche Hindernisse machten sein Kommen unmöglich;
oder die Bedingung war, wenn er nicht kommen werde, und
eine äussere Macht zwang ihn zu kommen) gleichfalls so zu
beurtheilen sei, als ob die Bedingung nicht erfüllt worden
sei, vgl. Mischna Lamelech, (zu Maim. Mechira c. 11, §. 1)
nach dessen Ansicht sie, da die Bedingung thatsächlich nicht
erfüllt wurde, als eine nichterfüllte Bedingung zu betrachten
ist; in diesem Falle findet das אונס טענת keine Anwendung,
vergl. R. Jom Tob. b. Abraham (Ritba) zu Gittin 31ª.

2. Anmerkung. Nach römischem Recht gelten alle
Bedingungen als erfüllt, wenn derjenige, welcher an der
Nichterfüllung der Bedingung ein Interesse hat, doloser Weise
(in einer dem Rechtsgeschäfte zuwiderlaufenden Weise) ihre
Erfüllung verhindert; nach vielen Juristen gelten bei allen
Rechtsgeschäften die Bedingungen als erfüllt, wenn der be-
dingt Berechtigte zu ihrer Erfüllung bereit gewesen, die
Nichterfüllung aber ohne seine Schuld eingetreten ist. (Siehe
Baron, Pandekten §. 54.)

§. 23.

Schenkung mit der Bedingung der Rückgabe.

Das röm. Recht theilt die Bedingungen ein, in Suspensivbedingung (negotium condicione suspenditur) und in
Resolutivbedingung. Die Suspensivbedingung ist eine solche,

---

[1] Kethubot 2ª; siehe Eben Haeser c. 56, §. 3. אין אונם בניטין אבל
בממון יש טענת אונם

vermöge welcher die Existenz eines Rechtsverhältnisses von einem ungewissen Umstand abhängig gemacht wird.

Hingegen ist die Resolutivbedingung eine solche, vermöge welcher der Fortbestand oder die Vernichtung eines Rechtsgeschäftes von einem ungewissen Umstand abhängig gemacht wird.

Bei der Suspensivbedingung hängt das Eintreten des unbeschränkten Willens, sein Wirksamwerden von der Erfüllung der Bedingung ab, und bei der Resolutivbedingung wird die Fortdauer des Willens, das Wirksambleiben von der Erfüllung der Bedingung abhängig gemacht; jene ist eine aufschiebende, diese aber eine auflösende Bedingung.[1]

Das talmudische Recht kennt im Allgemeinen nur die Suspensivbedingung, denn selbst die Bedingung unter der Form „von jetzt, wenn" (מעכשיו) ist eine Suspensivbedingung, sie ist wohl rückwirkend (§. 19), aber das Eintreten des Willens, sein Wirksamwerden hängt doch von der Erfüllung der Bedingung ab und bis dahin ist das Rechtsgeschäft in der Schwebe, die Bedingung ist daher eine aufschiebende und nicht eine auflösende. Doch gibt es nach talmudischem Recht eine Art der Bedingung, durch deren Erfüllung das bis dahin bedingte Rechtsgeschäft aufgelöst wird, eben diese Auflösung bietet in der Zwischenzeit den Rechtstitel für das Eigenthum des Beschenkten.

Dieses ist der Fall bei einer Schenkung unter der Bedingung, dass der Beschenkte dem Geber das Geschenk in einer bestimmten Zeit wieder zurück geben solle (מתנה על מנת להחזיר שמה מתנה). Da aber in diesem Falle die Bedingung mit der Handlung im Widerspruch steht, denn die Uebertragung des Eigenthums auf den Beschenkten wird von der Rückgabe desselben Objectes abhängig gemacht, dieser also zu keiner Zeit Eigenthümer sein kann, so ist eine solche Bedingung, wenn sie in der Form „wenn" (אם) gemacht wurde, nichtig und das Rechtsgeschäft unbedingt giltig (תנאי הסותר למעשה התנאי בטל והמעשה קיים).

Anders ist es aber, wenn die Bedingung in der Form:

---

[1] Siehe Baron. Pandekten §. 52, 3.

24

„von jetzt, wenn" (‏מעכשיו אם‏) gestellt wurde, in welchem
Falle die Erfüllung der Bedingung rückwirkende Kraft besitzt,
mithin war der Beschenkte, so die Bedingung der Rückgabe
erfüllt wird, in der Zwischenzeit rechtlicher Eigenthümer,
worüber seine Verfügungen insofern Geltung haben, als
durch dieselben die Erfüllung der Bedingung nicht unmöglich
gemacht wurde, es ist mithin ‏התנאי אינו סותר למעשה והתנאי‏
‏קיים.[1])‏

§. 24.

Formlose Bedingung.

Es gibt Fälle, in welchen die Abhängigkeit des Rechtsgeschäftes von dem Eintreten oder Nichteintreten eines Umstandes so klar und selbstverständlich ist, dass die blosse
Erwähnung des zum Abschlusse des Rechtsgeschäftes ver-
anlassenden Umstandes genügt, um die Wirksamkeit des
Rechtsgeschäftes in der Schwebe zu lassen, bis jener Umstand
eingetreten ist, obgleich der Eintritt in keiner der bezeichneten Bedingungsformen gestellt wurde (‏גילוי דעתא‏). Jemand
verkauft z. B. ein Grundstück und äussert sich dem Käufer
gegenüber, er benöthige dringend das Geld, um für sein
Geschäft eine bestimmte Waarenmenge zu kaufen ; nachher
überzeugt er sich aber, dass die gewünschte Waare nicht
zu haben sei ; oder er verkaufte das Grundstück in der
Noth, weil eine plötzliche Theuerung der Getreidepreise eingetreten war, und hat dieses Motiv beim Verkaufe des
Grundstückes geäussert, nun sind jedoch mittlerweile die
Preise in Folge stattgehabten Imports so gesunken, dass
der Verkauf nicht nöthig war, in diesen und ähnlichen Fällen genügt die einfache Aeusserung (‏גילוי דעת‏), dass das
Rechtsgeschäft nichtig sei, weil der Umstand nicht eingetreten
ist, welcher auf dessen Abschluss ausschlaggebend war.[2])

---

[1]) Sukka 41ᵇ; Tosefot das. s. v. ‏הילך‏; Baba Bathra 137ᵇ; Tosefot
das. s. v. ‏לא‏; Kidduschin 6ᵇ; Gittin 75ᵇ; Tosefot das. s. v. ‏דתנאי‏; Maim.
Sechia c. 3, §. 9 ; Lulab c. 8, §. 10 ; Bikkurim c. 11, §. 8 ; Ch M. c.
190, §. 2, 241, §. 6, 7 ; Orach Chajim c. 658, §. 4. Vergl. Ch. M. c.
207, §. 5, 6.

²) Kethubot 97ᵃ; Maim. Mechira c. 11, §. 8; Ch. M. c. 207, §. 3.
Die angeführten Beispiele finden nur beim Verkauf von Immobilien statt,
die man gewöhnlich nur im Nothfalle veräussert. Dieses Gesetz findet

Doch muss beim Verkaufe jene Aeusserung vom Verkäufer gemacht worden sein ; war dies aber nicht geschehen,
und nachher vom Verkäufer die Einwendung gemacht worden,
dass er beim Abschlusse des Verkaufes im Sinne hatte, dass
er das Rechtsgeschäft nur unter der Voraussetzung abschliesse,
dass jener Umstand eintreten werde, dann hat diese Behauptung keine rechtliche Folge und der Kauf ist giltig. (דברים[1])
(שבלב אינן דברים).

§. 25.
Stillschweigende Bedingung.

Es gibt Fälle, bei welchen die Abhängigkeit des Rechtsgeschäftes von dem Eintreten oder Nichteintreten eines Umstandes so selbstverständlich und überzeugend ist, dass selbst
eine Erwähnung nicht erforderlich ist ; es sind dies nicht
דברים שבלבו (Motive, die blos der Handelnde im Sinne hat)
sondern (אומדנא דמוכח) Motive, die einem Jeden einleuchten
(דברים שבלב כל אדם) ; sie sind daher als stillschweigende
Bedingungen zu beurtheilen. Wenn z. B. ein Kranker sein
ganzes Vermögen einem Andern schenkt (מתנת שכ״מ בכולה),
so unterliegt es keinem Zweifel, dass die Schenkung nur für
den Todesfall gemacht wurde, denn sonst würde er sich nicht
von Allem entblösst haben, es ist dies daher eine stillschweigende Bedingung, die besagt, wenn er an dieser Krankheit
sterben werde, soll die Schenkung giltig sein ; stirbt er nun
nicht, so ist die Bedingung nicht erfüllt worden, weshalb die
Schenkung ungiltig ist.[2]

§. 26.
Zulässige und unzulässige Bedingung.

Bedingungen, welche den Gesetzesvorschriften der schriftlichen oder mündlichen Lehre an und für sich widerspre-

jedoch keine Anwendung bei Mobilien. Siehe Tosefot Kethubot 97ᵃ; s. v.
זבין, Tur und Gl. des R. M. Isserls; Ch. M. c. 207, §. 1.
1) Kiduschin 49ᵇ; Maim. Mechira c. 11, §. 9 ; Ch. M. c. 207,
§. 4. Ob auch bei einer Schenkung die Aeusserung, weshalb die Schenkung gemacht wird, nöthig sei, darüber siehe Gl. zu Ch. M. a. a. O.
2) Baba Bathra 146ᵇ, 147ᵇ a. a. O. ; Maim. Sechia c. 6, §. 1, c. 8
. 2; Ch. M. 246, §. 1, c. 250, §. 1. Siehe Tosefot Kethubot 97ᵃ s. v. זבין;
Kiduschin 49ᵇ s. v. דברים.

chen, sind in der Regel unzulässig und ungiltig.[1] (מתנה על
מה שכתוב בתורה תנאו בטל). Wenn jedoch die Gesetzesvorschrift dem Einen der Contrahenten ein dingliches Recht
einräumt oder den Einen zu Gunsten des Andern obligirt,
so steht es dem Berechtigten resp. dem Gläubiger frei, auf
sein Recht zu verzichten und es dem Andern zu überlassen
(ממון ניתן למחילה). Aus diesem Grunde werden derartige Bedingungen bei Rechtsgeschäften als Verzichtleistung des
Berechtigten zu Gunsten des Verpflichteten betrachtet, und
wenn die Form der Bedingung eine derartige ist, dass ein
Nachsehen (מחילה) der Obligation darunter zu verstehen
ist, als rechtskräftig erklärt[2] (בדבר שבממון תנאו קיים). Wenn
z. B. der Verkäufer oder der Käufer beim Kaufe einer
Sache die Bedingung stellt, dass eine Uebervortheilung
(אונאה) weder den Kauf rückgängig machen, noch zu einem
Schadenersatz verpflichten solle, so ist der Wortlaut der Bedingung ausschlaggebend. Lautet die Bedingung על מנת שאין
בו אונאה („unter der Bedingung, dass dabei keine Uebervortheilung stattfinde"), so ist die Bedingung unzulässig; denn
diese Ausdrucksweise lässt entweder die Deutung zu, dass
das Gesetz der Uebervortheilung nicht massgebend und als
aufgehoben zu betrachten sei, wozu er kein Recht hat, da er
ein bestehendes Gesetz nicht anulliren kann, d. h. er wäre
מתנה על מה שכתוב בתורה; oder der Sinn seiner Worte wäre:
Unter der Bedingung, dass bei diesem Kaufe keine Uebervortheilung sei, d. h. dass der Kaufpreis weder zu hoch
noch zu niedrig angesetzt sei; findet sich nachher, dass in
der That eine Uebervortheilung stattgefunden hat, so ist der
Kauf selbstverständlich ein aus Irrthum geschlossener (מקח
טעות) und daher ungiltig.

Lautet hingegen die Bedingung על מנת שאין לך עלי אונאה
(„Unter der Bedingung, dass du das vom Gesetze dir ein-
geräumte Recht bei einer Uebervortheilung nicht anwenden
sollst"), so ist dies bloss eine Verzichtleistung auf ein Recht

---

[1] Makkot 3b u. a. O.; Maim. Ischot c. 12, §. 8; Eben Haeser c. 38, §. 5.

[2] Kethubot 56a u. a. O.; Maim. Ischot a. a. O.; Eben Haeser c. 38, §. 5.

und nicht gegen das Gesetz selbst gerichtet (מהילה) und daher zulässig.[1]) Es gibt jedoch Bedingungen, die, ob sie auch einer Gesetzvorschrift widersprechen, gleichwohl zulässig sind (מתנה על מה שכתוב בתורה), insofern nicht (wie in dem angeführten Beispiele) schon durch die Stellung der Bedingung das Gesetz aufgehoben wird, sondern es der freien Wahl des Berechtigten überlassen bleibt, ob er das Gesetz übertreten und die Bedingung erfüllen, oder ob er dem Gesetze treu bleibend die Bedingung nicht erfüllen wolle; es ist das gleichsam eine Prüfung seiner Gesetzestreue; z. B. Jemand macht einem Andern eine Schenkung unter der Bedingung, wenn er religionsgesetzlich verbotene Speisen geniessen werde; in diesem Falle ist die Bedingung zulässig und von ihrer Erfüllung oder Nichterfüllung die Giltigkeit der Schenkung abhängig. Die Bedingung muss jedoch ein solches Gesetz betreffen, bei dem die Erfüllung der Bedingung vom Beschenkten allein abhängt; ist sie aber gegen ein Gesetz gerichtet, wobei auch der Wille einer dritten Person die Erfüllung entscheidet (wie z. B. die Bedingung eine verbotene Ehe einzugehen) dann wird die Bedingung als eine unerfüllbare angesehen, weil vorausgesetzt wird, dass die dritte Person zur Schliessung der verbotenen Ehe nicht einwilligen werde; die Bedingung ist darum nichtig und die Schenkung sofort giltig.[2])

Anmerkung. Nach römischem Rechte sind bedingte Rechtsgeschäfte, durch welche ein Unrecht oder eine Unsittlichkeit befördert wird, unerlaubt; es soll die Vornahme einer verbotenen, die Unterlassung einer gebotenen Handlung nicht belohnt, es soll eine in sittlicher Freiheit vorzunehmende Handlung oder Unterlassung nicht von pecuniärem Gewinn oder Verlust abhängig gemacht werden.

---

[1]) Makkot 3b; siehe Tosefot s. v. ע״ם; Maim. Mechira c. 13, §. 3, 4; Schemita c. 9, §. 10; Ch. M. c. 227, §. 21, c. 67, §. 9. Nach Ansicht Maim. (a. a. O.) muss der Betrag der Uebervortheilung im Vorhinein ausdrücklich in der Bedingung angegeben werden, damit Jener wisse auf wie viel er verzichten soll.

[2]) Gittin 84b; Maim. Ischot c. 6, §. 8—10; Eben Haeser c. 143, §. 12.

Unerlaubt ist demnach eine Zuwendung unter der
Bedingung, dass der Bedachte ein Verbrechen begehen oder
dass er ein Verbrechen nicht begehen würde; erlaubt hingegen ist ein Versprechen unter der Bedingung, dass der
Versprechende selbst oder ein Dritter ein Verbrechen begehen würde; unerlaubt aber unter der Bedingung, wenn
der Versprechende ein Verbrechen nicht begehe; hingegen
erlaubt unter der Bedingung, dass ein dritter ein Verbrechen
nicht begehe. In allen diesen Fällen werden die unerlaubten
Bedingungen wie die unmöglichen behandelt, d. h. als Re-
solutivbedingungen hinzugefügt werden sie gestrichen und
das Geschäft ist unbedingt giltig; als Suspensivbedingungen
machen sie das Geschäft unter Lebenden nichtig, bei Ge-
schäften von Todeswegen werden sie gestrichen. Streitig ist
die Frage, ob die Bedingung, die Religion zu ändern oder
zu behalten eine unerlaubte sei; nach richtiger Meinung
ist diese Bedingung unerlaubt, weil das Religionsbekenntniss
von der freien Ueberzeugung abhängen, von pecuniärem
Gewinn oder Verlust unbeeinflusst bleiben soll. Hingegen
ist es zulässig, dass Jemand für die Angehörigen einer bestimmten Religion eine Stiftung errichte; denn hierin liegt
nicht eine Aufforderung an Andersgläubige ihren Glauben zu
wechseln. (Baron, Pandekten §. 58. III.)

III. Hauptstück.

Gewagte Verträge.

I. Capitel. Hoffnungs- und Glücksverträge.

§. 27.

Begriff.

Gewagte (Hoffnungs-Glücks-) Verträge sind solche, bei
denen der Beschwerte die zuversichtliche Hoffnung hegt,
dass der Umstand, welcher ihm zum Nachtheile gereichen
könnte, nicht eintreten werde, und zwar so, dass diese Hoffnung das Motiv des Vertragsabschlusses bildet; oder auch
solche Verträge, bei denen es vom Zufall (Glück) abhängt, für
welche der Parteien Vortheil oder Nachtheil daraus entstehen
werde und jede derselben mit Zuversicht erwartet, dass das
Glück sie begünstigen werde. (אסמכתא, Asmachta).

§. 28.

Arten der Asmachta.

Bezüglich der Arten der Asmachta sind die Ansichten
sehr verschieden.

I. Nach der Meinung Maimunis[1]) ist ein jeder Vertrag, der mit der Bedingungsform, „wenn" (אם, ראי) geschlossen wird, ohne Unterschied von wem die Erfüllung der
Bedingung abhängt, ein gewagter Hoffnungsvertrag, eine
Asmachta, weil die Handlung von einer Bedingnng in einer
solchen Form abhängig gemacht wird, in der das Rechtsgeschäft erst von jener Zeit Giltigkeit erlangt, in welcher
die Erfüllung bereits geschehen ist; dies beweist, dass die
Willenserklärung keine vollständig ernste, sondern bloss in
der Erwartung abgegeben wurde, dass das Rechtsgeschäft
durch Nichterfüllung der Bedingung nichtig sein werde.
Jemand verkauft oder schenkt z. B. einem Andern ein Haus
unter der Bedingung, dass ihn dieser an einem bestimmten
Tage auf seiner Pilgerreise nach Jerusalem begleiten werde;
in diesem Falle ist, selbst wenn der Käufer resp. Beschenkte
die Bedingung erfüllt, die Handlung dennoch als Asmachta
ungiltig.

---

[1]) Mechira c. 11, §§. 2—7.

Hat aber der Bedachte, bevor er zur Erfüllung der
Bedingung geschritten ist, im Einverständniss mit dem Be-
schwerten das Haus durch den Zueignungsakt der Besitzergreifung (קנין חזקה) in seinen Besitz genommen, so ist
dies ein Beweis, dass die Willensäusserung des Eigenthümers
eine vollkommen ernste war, darum ist die Handlung giltig,
wenn die Bedingung erfüllt wird.[1])

Gibt der Käufer eines Gegenstandes dem Verkäufer
eine Angabe (ערבון), und beide stellen die Bedingung : wenn
der Käufer vom Kaufe zurücktreten sollte, soll dann die
Angabe dem Verkäufer gehören, tritt aber der Verkäufer
zurück, so hat er die doppelte Angabe dem Käufer zu
zahlen ; macht nun der Käufer den Verkauf rückgängig, so
bleibt wohl die Angabe Eigenthum des Verkäufers, weil er
sie in seinem Besitze hat ; tritt hingegen der Verkäufer
zurück, so hat er bloss die ihm gegebene Angabe einfach
dem Käufer zurückzugeben, ohne aber verpflichtet zu sein,
dieselbe zu verdoppeln ; weil bezüglich der Verdoppelung,
die doch der Käufer nicht in Besitz genommen, es eine
Asmachta, ein nicht vollkommen ernst gemeintes Versprechen
war, sondern es geschah bloss, um den Käufer zu bewegen,
dass er sich mit der Verabredung zufrieden gebe.[2])

Hat ein Schuldner einen Theil der Schuld bezahlt und
in Gemeinschaft mit dem Gläubiger den Schuldschein bei
einem Dritten (שליש) mit der Bedingung deponirt, dass wenn
der Schuldner den Rest der Schuld bis zu einem bestimmten
Tage nicht zahlen werde, dem Gläubiger die Urkunde über
die ganze Schuld auszufolgen sei, und hat der Schuldner zur
festgesetzten Zeit den Rest nicht gezahlt, so darf dem Gläu=

---

1) Maim. a. a. O. Ob auch eine andere Zueignungsart, insbeson-
dere ob die symbolische Handlung des Mantelgriffs (קנין סודר) zur
Aufhebung der Asmachta genüge, derüber siehe Kessef Mischna a. a.
O. §. 7 ; Beth Josef Ch. M. c. 207 und Meirat Enajim Gl. 6.

2) Baba Meziah 48b; Maim. Mechira a. a. O. Nach der Erklärung
von Raschi (zur a. St.) muss auch der Verkäufer die Angabe zurückgeben, wenn der Käufer zurücktritt, weil auch bei der Erlassung einer
Schuld (מחילה) das Gesetz von Asmachta Anwendung findet und der
Kauf hat nur im Verhältniss des Werthes der Angabe Rechtskraft.
Ausführliches hierüber (דריו שיקנה כנגד ערבונו לא זה יכפול ולא זה ימחול)
siehe Bet Josef Ch. M. c. 207.

biger die Urkunde nicht ausgefolgt werden, und der Schuldner ist nicht verpflichtet den bereits bezahlten Theil der Schuld nochmals zu zahlen, weil auch dies eine Asmachta ist, da der Schuldner bloss in der sicheren Erwartung, dass er die Zahlung zur festgesetzten Zeit werde leisten können, die Willenserklärung abgegeben hat.[1])

§. 29.

Asmachta nach der Ansicht des R. Tam und R. Jizchak Hasaken.

II. Nach der Ansicht des R. Jacob Tam und des R. Jizchak Hasaken ist nicht eine jede Bedingung schon darum eine Asmachta, weil sie in der Form von „Wenn" (אם) gestellt wurde, sondern es sind vier Arten der Bedingung zu unterscheiden:

a) Eine Bedingung, deren Erfüllung bloss zum Theile aber nicht gänzlich von dem, der sie stellt, abhängt (דבר שאינו בידו לגמרי והוא תלוי גם ביד אחרים), ist selbst wenn sie nicht aussergewöhnlich hoch gegriffen ist (אפי' לא גזים), als Asmachta zu betrachten und nichtig; z. B. Jemand übernimmt die Verpflichtung für einen Anderen an einem bestimmten Orte Wein oder eine andere genau bezeichnete Waare zu kaufen mit der Bedingung, wenn er selbe nicht kaufen werde, dem Auftraggeber einen bestimmten Betrag zu zahlen ; hier ist die Erfüllung der Bedingung nicht allein von dem Verpflichteten abhängig, vielmehr liegt dieselbe zum grösseren Theile in der Macht des Verkäufers und er musste doch wissen, dass der Fall eintreten könne, dass die gegenwärtigen Besitzer der Waare nicht den Willen haben werden, ihm die Waare zu

---

[1]) Baba Bathra 168ª; Maim. a. a. O. §. 5; Ch. M. c. 55, §. 1 und c. 207, §. 12. Bezüglich der Erklärung der Bedingung, ob dieselbe nämlich so aufzufassen sei, dass bei Nichteinhaltung der Zahlungsfrist dem Gläubiger der Schuldschein ausgefolgt und die bereits geleistete Theilzahlung als Schenkung (מחילה) betrachtet werden solle, so, dass der Schuldschein in seiner ursprünglichen Kraft bliebe, oder ob dieser als zum Theile bezahlt zu gelten habe und der Schuldner mit der Bedingung nur eine neue Obligation eingeht, darüber siehe Ausführliches Bet Josef Ch. M. c. 207.

verkaufen, sein Versprechen war also ein in gutem Vertrauen gegebenes, daher nichtig.[1])

b) Ist die Erfüllung der Bedingung gänzlich von dem,
der sie angenommen hat, unabhängig und bloss dem Zufall
anheimgegeben, (wobei doch nicht vorausgesetzt werden kann,
er habe sie angenommen in der sicheren Voraussetzung,
dass es gelingen werde, sie zu erfüllen, sondern vielmehr
angenommen werden darf, dass die Willenserklärung eine
vollständig ernste war), dann ist sie giltig, da dies keine
Asmachta ist. Z. B. beim Würfelspiel (משחק בקוביא) u. d.
gl. Doch gilt das bloss für den Einsatz, den Verlust hinge-
gegen, der den Einsatz übersteigt, kann der Gewinnende
nicht fordern.[2])

c) Eine Bedingung, deren Erfüllung gänzlich in des
Verpflichteten Macht liegt, und bei der die Obligation keine
übertrieben hohe ist, sondern bloss dem Werthe des durch
die Nichterfüllung der Bedingung dem Anderen verursachten
Verlustes entspricht (לא גזים), ist ebenfalls keine Asmachta.
Wenn Jemand z. B. von einem Anderen ein Feld zur Bearbeitung übernimmt, so dass ein bestimmter Theil des Erträgnisses dem Eigenthümer gehören soll (בקבלנות), und sich
verpflichtet, wenn er das Feld nicht anbauen sondern brachliegen lassen würde, dem Eigenthümer einen vollständigen
Ersatz des Verlustes zu leisten (אם אוביר ולא אעבוד אשלם
במיטבא), so ist das keine Asmachta, da die Bearbeitung in
seiner Macht allein lag und er sich bloss zum Schadenersatz
verpflichtet hat.[3])

d) War hingegen die Verpflichtung eine den Verlust
weit übersteigende (גזים), so ist dies, selbst wenn die Erfüllung ganz in seiner Macht gelegen war, dennoch eine
Asmachta; er ist darum nur schuldig dem Eigenthümer
Schadenersatz zu leisten. Wenn z. B. der Miether des Feldes

---

1) Baba Meziah 73[b]; siehe Tosafot 74[a] s. v. הכא 66[b]; s. v. ואי; Sanhedrin
24[b]; Tosafot s. v. כל; Tur Ch. M. 107 und Bet Josef das.

2) Sanhedrin 24[b]. Ob die Wette bezüglich des Taubenflugs
(מפריחי יונים) gleich dem Würfelspiel ebenfalls keine Asmachta sei,
darüber siehe Sanhedrin 25[a]; Tur Ch. M. c. 107 und Bet Josef das.

3) Baba Meziah 104[a]; siehe Tosafot Sanhedrin 24[b], s. v. כל; Tur
Ch. M. c. 107.

(קבלן) sich verpflichtete: „Wenn ich das Feld nicht bearbeiten, sondern brachliegen lassen würde, so zahle ich dir tausend
Sus" (אם אוביר ולא אעבוד אשלם אלפא זוזי), dann entspricht die
Obligation nicht dem zugefügten Schaden (נזים), er hat also
in seinem Versprechen, im Vertrauen, er werde die Bedingung erfüllen, übertrieben, es ist daher eine Asmachta und
er ist bloss zum Schadenersatz verpflichtet.[1])

§. 30.

Ansicht des R. Salomon b. Aderet.

R. Salomon ben Aderet (in seinen vom Beth Josef Ch.
M. c. 207 citirten Responsen) ist anderer Ansicht; nach
seiner Meinung findet eine Asmachta nur dann statt, wenn
der Verpflichtete bei Nicht-Erfüllung zu einer Leistung als
Strafe sich obligirt (דרך קנס), wie in dem in §. 28 angeführten Beispiele, wo der Schuldner sich verpflichtet, wenn
er zur bestimmten Zeit den restlichen Theil der Schuld nicht
zahlen würde, selbst jenen Theil, den er bereits gezahlt hat,
nochmals zu zahlen; es soll dies gleichsam eine Strafe dafür
sein (קנס), dass er den festgesetzten Termin nicht eingehalten hat; oder wenn der Miether des Feldes (קבלן) die Bedingung eingeht: wenn ich das Feld nicht bearbeiten, sondern
brachliegen lassen würde, habe ich tausend Sus zu zahlen;
auch hier ist eine strafweise Leistung im Vertrauen, dass
er die Bedingung erfüllen und das Feld anbauen werde,
versprochen und daher eine Asmachta u. dgl. m.

Dort hingegen, wo die bedingte Obligation nicht ein
strafweises Versprechen, sondern ein freiwilliges, ganz ernst
gewolltes ist, findet keine Asmachta statt. Z. B. Jemand
verpflichtet sich, wenn seine schwangere Gattin einen Knaben
gebären werde, diesem zweihundert Sus zu geben, wenn sie
aber von einem Mädchen entbunden werden sollte, diesem
einhundert Sus zuzuweisen; hier ist das bedingte Versprechen kein strafweises, es ist vielmehr ein freiwilliges, vollständig ernst gewolltes und daher keine Asmachta; es erhält
demnach, wenn der Vater gestorben ist, das neugeborene
Kind, wenn es ein Knabe ist, zweihundert und so es ein

---

[1]) Baba Mezia 104b; Tosafot Sanhedrin a. a. O.; Tur Ch.
M. c. 207.

Mädchen ist, einhundert Sus als väterliches Geschenk aus
des Vaters Verlassenschaft.[1])

Beim Würfelspiel und bei Wetten gibt es, wie schon
der R. Tam (im Sefer Hajaschar) bemerkt, aus dem Grunde
keine Asmachta, weil die ungewisse Verpflichtung eine
wechselseitige ist, ein Jeder der Spielenden resp. Wettenden
hofft zu gewinnen und den Einsatz zu erhalten, so wie er
nun seinerseits es wünscht, dass sein Gegner eine wirkliche
Verpflichtung eingehen und es keine Asmachta sein soll, so
ist es auch bei ihm vollständiger Ernst und keine Asmachta ;
es ist das die Wirkung der Reciprocität.[2])

Anmerkung. In den bisher angeführten Fällen ist
die Bedingung eine negative, d. h. die Obligation wird von
dem Nichteintreten eines Umstandes abhängig gemacht,
daher findet die Anwendung der Asmachta statt, weil vorauszusetzen ist, der Verpflichtete habe im Vertrauen, dass
jener Umstand eintreten werde, die Verpflichtung übernommen ; ob aber auch bei einer positiven Bedingung (z. B.
Jemand verkauft ein Feld unter der Bedingung, wenn er
seinen Wohnsitz ändern werde, und er ändert hernach wirklich seinen Wohnsitz), deren schliessliche Erfüllung ganz
allein von dem freien Willen des Bedingenden abhängig ist,
wo also die Willenserklärung eine vollständig ernste war, die
Asmachta Anwendung habe, darüber giebt es verschiedene
Meinungen (siehe Nachmani zu Baba Bathra, Abschnitt Get
Paschet und Beth Josef Ch. M. c. 207).

Ebenso sind die Ansichten getheilt bezüglich der
Asmachta in dem Falle, wenn Jemand ein Darlehen contrahirt und der Schuldner dem Gläubiger ein Pfand gibt, das
einen höhern Werth hat, als die Schuld beträgt, und der
Pfandgeber auf die Bedingung eingeht, dass das Pfand, wenn
die Schuld zur Verfallszeit nicht bezahlt sein würde, dem Gläubi-

---

1) Baba Bathra 140b, 141b; Maimuni, Sechia c. 8, §. 6 erklärt diese
Talmudstelle bei einer Schenkung von Todeswegen (שכ״מ מתנת), damit
es keine Asmachta sei; dies ist eine Consequenz seiner Ansicht bezüglich
Asmachta (§. 29). R. Salomon ben Aderet aber erklärt die Stelle bei einer
Schenkung unter Lebenden (Siehe Maggid Mischna z. St.; Beth Josef Ch.
M. c. 207; Ch. M. 110. §. 1 (Siehe Sifse Kohen Gl. 1) und c. 253
§. 27 : (vgl. Sifse Kohen Gl. 35).

2) Siehe Beth Josef Ch. M. c. 207.

ger gehören solle (בשעת ההלואה ובין שלא בין בשעת המשכון על מלוה הההלואה בשעת) (Siehe hierüber Beth Josef Ch. M. c. 207).

Ich habe hier nicht alle Fälle der Asmachta erschöpft, sondern nur die wesentlichsten Ansichten und Bestimmungen erwähnt. Es bleibt nur noch zu bemerken, dass der Beth Josef im Schulchan Aruch Ch. M. c. 207, §. 2 und 13 der Ansicht Maimunis, und R. Mosche Isserls (in der Glosse das.) der des R. Jizchak Hasaken beipflichtet.

II. Capitel. Aufhebung der Asmachta.

§. 31.

a) D u r c h d i e F o r m d e r B e d i n g u n g.

Hoffnungsverträge sind giltig; die Asmachta wird in folgenden Fällen als aufgehoben erklärt:

a) Bei der Bedingungsform: „Von jetzt, wenn" (מעכשיו אם); denn, wenn es dem Verpflichteten nicht voller Ernst gewesen wäre, hätte er die Willenserklärung nicht mit der rückwirkenden Form „von jetzt" (מעכשיו) bekräftigt. Z. B. Jemand nimmt auf ein Feld ein Darlehen mit der Bedingung auf, dass dieses dem Gläubiger, wenn die Schuld innerhalb dreier Jahre nicht getilgt sein sollte, schon von jetzt ab (מעכשיו) gehöre; diese Bedingungsform hebt die Asmachta auf, und wenn der Schuldner die Schuld nicht zur bestimmten Zeit abträgt, ist das Feld von dem Augenblicke ab, wo das Darlehen contrahirt wurde, Eigenthum des Gläubigers, dem auch die in den drei Jahren erzielten Erträgnisse des Grundstückes gehören.[1]

---

[1] Baba Mezia 65ᵇ, 66ᵇ; Maim. Malve Welowe c. 6. §. 4; Mechira c. 11, §. 7; Ch. M. c. 207 §§. 9, 14; vgl. Jore Deah c. 164. §. 4.

Nach der Ansicht von Tosafot Baba Mezia 66ᵃ (s. v. ומנויטי) hebt die Form »von jetzt, wenn« (מעכשיו) allein die Asmachta nicht auf, es wäre denn, dass die Obligation bei einem competenten Gerichte (בי״ד חשוב) eingegangen worden wäre (siehe § 34). Der im Texte angeführte Fall bildet jedoch aus dem Grunde darin eine Ausnahme, dass die oft erwähnte Bedingungsform genügt, weil der Gläubiger mit dem Darlehen dem Schuldner einen Freundschaftsdienst erwiesen und weil der Schuldner das Feld dem Gläubiger gleichsam verkaufsweise als Hypothek (משכון) übergeben hat und zwar mit der Verbindlichkeit »von jetzt«; es ist darum mit Sicherheit vorauszusetzen, dass er es vollständig ernst gewollt und nicht als blosse Asmachta versprochen hat. (Siehe Ch. M. c. 207, Gl. zu §. 14.)

§. 32.

b) Durch die Form על מנת ("Mit der Bedingung".)

Nach dem Rechtssatze : כל האומר על מנת כאומר מעכשיו דמי „Sich der Bedingungsform על מנת bedienen, ist so viel als die Form: „von jetzt, wenn", aussprechen", würde auch die Form על מנת die Asmachta aufheben; dies ist in der That die Ansicht des Beth Josef[1]), der sie aus den Worten Maimunis ableitet. Allein nach der Meinung des R. Salomo b. Aderet (in seinen Responsen) ist zu unterscheiden zwischen dem Fall, wo die Form על מנת behufs Erfüllung der Bedingung zur Aufrechterhaltung des Rechtsgeschäftes gebraucht wird, und zwischen dem, wo die Bedingung bloss als Strafe für die Nichteinhaltung des Uebereinkommens festgesetzt wurde; z. B. : Es macht Jemand einem Anderen ein Haus zum Geschenk mit der Bedingung (על מנת), dass er seine (des Schenkers) Schwester heirate ; der Schenker will also, dass der Beschenkte das Haus erst dann erhalte, wenn dieser seine Schwester geheiratet hat, darum ist das על מנת der Form „von jetzt, wenn" (מעכשיו) gleich, die Asmachta wird also aufgehoben.

Wenn hingegen Jemand darum, weil er befürchtet, sein Grenz-Nachbar werde seinen Besitz einem ihm feindlich gesinnten Dritten vermiethen oder verschenken, — in welchem Falle das Vorrecht des nächsten Nachbars[2]) (דינא דבר מצרא) bei ihm keine Anwendung finden würde, — den Besitz des Nachbars kaufen will, und wenn nun dieser den Verkauf verweigert, jedoch zur Beruhigung jenes erklärt, dass er ohne dessen Einverständniss sein Grundstück weder vermiethen noch verschenken werde und daran die Bedingung (על מנת) knüpft, dass er, wenn er dieser Erklärung zuwider handeln sollte, dem zum Kaufe bereiten Nachbar eine bestimmte Summe zahlen werde, dann ist das על מנת bloss als Strafe für die Nichteinhaltung des gegebenen Versprechens bedungen, es ist daher nicht gleich der Form „von jetzt, wenn" (מעכשיו) sondern der Form „wenn" (אם) und besitzt nicht die Kraft, die Asmachta aufzuheben.[3])

---

1) Ch. M. c. 207.

2) Siehe Baba Mezia 108.

3) Beth Josef Ch. M. c. 207; R. M. Isserls das. Gl. zu §. 14.

§. 33.

c) Durch Chasaka (Besitzergreifung.)

Ist das Object des Rechtsgeschäftes ein unbewegliches und lässt der Verkäufer oder Schenker bei der Stellung der Bedingung den Käufer resp. Beschenkten das Object sofort durch den Zueignungsact der Chasaka (Besitzergreifung) in Gewalt nehmen, dann ist selbst, wenn die Bedingung unter der Form „wenn" (אם) gestellt wurde; die Asmachta aufgehoben und so die Bedingung erfüllt wurde, ist der Vertrag giltig[1].

§. 34.

d) Durch Machtvollkommenheit des Gerichts (ב״ד חשוב).

Wird der bedingte Vertrag durch das Symbol des Mantelgriffs (קנין סודר) vor einem anerkannt competenten Gerichte (ב״ד חשוב), bei welchem überdies das betreffende Object deponirt ist, unter der Bedingung geschlossen, dass das Depositum dem Gegner auszufolgen sei, falls der das Recht Beansprechende innerhalb einer festgesetzten Zeit sein Recht nicht geltend machen würde, dann ist die Asmachta in jedem Falle aufgehoben, gleichviel in welcher Form die Bedingung gestellt wurde. Kömmt der Verpflichtete nicht zur bestimmten Zeit sein Recht geltend zu machen, ohne dass er durch Krankheit oder ein sonstiges unüberwindliches Hinderniss vom Kommen abgehalten wurde, so ist das Depositum dem Gegner auszufolgen.[2]

Anmerkung. In der Quelle dieser Rechtsnorm (Talmud Nedarim 27a) wird das Folgende berichtet:

Jemand hatte einen Rechtsstreit mit einem Andern und als beide Parteien ihre Streitsache vor Gericht vorbrachten, wünschte die eine derselben, das Gericht möge die Verhandlung vertagen und ihr eine Frist von dreissig Tagen gewähren, um alle Beweismittel sammeln und dem Gerichte vorlegen zu können. Da das Gericht jedoch begründeten Verdacht hatte, dass die verlangte Erstreckung ein blosser

---

[1] Maim. Mechira c. 11. § 3. Siehe oben §. 28, Note 1.
[2] Nedarim 27a; Maim. Mechira c. 11. §§. 13, 14; Ch. M. c. 207. §. 15.

Vorwand sei, um den Ansprüchen des Gegners und einem gerichtlichen Urtheil vor der Hand zu entkommen und die Sache in die Länge zu ziehen, wurde die Vereinbarung getroffen, dass der um Erstreckung Ansuchende alle Documente, die er als Beweismittel für sein vermeintliches Recht in Händen hatte, beim Gerichte unter der Bedingung zu deponiren habe, dass die Beweismittel, wenn er bis zur festgesetzten Frist von dreissig Tagen nicht erscheinen werde, nichtig und werthlos seien. Die dreissig Tage waren verstrichen, ohne dass jener erschienen wäre, doch wurde er, wie er später angab, an der Erfüllung der Bedingung durch die Krankheit seines Sohnes verhindert. Es entstand nun eine Controverse darüber, ob die Krankheit des Sohnes als ein wirkliches Hinderniss (אונס) zu beurtheilen sei. Es wurde aber auch die Frage aufgeworfen, wie das Uebereinkommen überhaupt giltig sein könne, da hier doch eine Asmachta vorliege, da die Bedingung nur in der sicheren Hoffnung des rechtzeitigen Erscheinens angenommen wurde. Diese Frage findet im Talmud die folgende Lösung: In diesem Falle, in dem das Object deponirt wurde und der Vertrag auf Annullirung der Beweismittel, also auf das Aufgeben der Forderung lautet דאמר לבטלן זכותיה, ist die Asmachta aufgehoben.

Als Halacha wird dann festgestellt, dass eine Asmachta den Vertrag nicht aufzuheben vermag, wenn dieser mit dem Symbole des Mantelgriffs (קנין סודר) vor einem anerkannt gelehrten Collegium von drei Richtern geschlossen, und wenn der Verpflichtete von der Erfüllung der Bedingung durch ein unüberwindliches Hinderniss nicht abgehalten worden ist. (והלכתא אסמכתא קניא והוא דקנו מיניה בב״ד חשוב והוא דלא אניס.) In der Erklärung dieser talmudischen Stelle weichen die massgebendsten Decisoren von einander sehr ab.

Nach der Meinung Raschis (Baba Mezia 48b) findet selbst bei einer Verzichtleistung auf eine Schuldforderung (מחילה) das Gesetz der Asmachta Anwendung; demgemäss ist die Bedingung in der angeführten Talmudstelle in dem Sinne eines Geständnisses aufzufassen, d. h. es wurde die Bedingung vereinbart, dass wenn der um Erstreckung Ansuchende binnen dreissig Tagen nicht erscheinen werde, dies als Geständniss gelten sollte, dass alle seine Beweismittel der Wahrheit nicht entsprechen und seine Ansprüche rechtlich unbegründet und nichtig seien. (Das זכותי לבטלן ist also als הודאה zu deuten). Würde er dieses Geständniss unbedingt machen, so wäre nach dem Rechtssatz: „Dem eigenen Geständniss ist mehr Glauben beizumessen als der Aussage von hundert Zeugen" (והודאת בעל דין כמאה עדים דמי) demselben sofort zu entsprechen und der Gegner von jeder Klage frei zu sprechen. Da aber dieses Geständniss ein bedingtes ist, so ist zu dessen Rechtswirksamkeit vor Allem der symbolische Act des Mantelgriffs erforderlich (קנין סודר) ; wäre nun nebst dem symbolischen Acte auch die Bedingungsform : „von jetzt, wenn" (מעכשיו) gestellt worden, so wäre die Anwesenheit eines Dreirichter-Collegiums nicht nothwendig, weil die Form מעכשיו die Asmachta aufhebt; da jedoch diese Bedingungsform nicht angewendet wurde, muss das bedingte Geständniss vor einem Richtercollegium stattfinden, weil man vor einem Gerichte nicht leichtfertig ein Geständniss ablegt; es ist dies daher so viel, als ob er ausdrücklich die Bedingungsform: „von jetzt, wenn" gebraucht hätte, weshalb die Asmachta aufgehoben ist. (Dies ist die Erklärung des R. Nissim in seinem Commentar zu Nedarim a. a. O., womit alle Widersprüche gelöst sind). R. Alfasi (Baba Batra Abschnitt 10) macht im Namen eines Gaon zu unserer Stelle die folgende sehr kurze Bemerkung: Ein Richtercollegium ist nur in dem Falle erforderlich, wenn der eine Theil seine Beweismittel bedingungsweise beim Gericht deponirt hat. Diese kurze Bemerkung erklärt R. Nissim (Nedarim a. a. O.) in folgender Weise: In dem in der talmudischen Quelle angeführten Fall, wo die bedingte Uebergabe der Beweismittel keine freiwillige, sondern vielmehr eine nothgedrungene war, da das Gericht nur auf diese Weise eine Erstreckung ihm zu bewilligen erklärte, war es nothwendig, dass die Erklärung durch den symbolischen Act des Mantelgriffs (ק"ס) vor dem Gericht bekräftigt werde, da das Gericht das Recht hat, da wo es die Erhaltung des Rechts erheischt, einzuschreiten und in eigener Machtvollkommenheit das Recht zu schützen. Obgleich nun der Mantelgriff der Form von מעכשיו darin gleicht, dass die rechtliche Wirkung desselben sofort beginnt, ist dies nur dann der Fall, wenn der symbolische Act unbedingt vollzogen wurde, war er aber bloss bedingt erfolgt, dann besitzt er nicht die Kraft der Form „von jetzt, wenn", es ist darum erforderlich, dass er beim Gericht vollzogen werde, welches die Macht hat, demselben die rechtliche Wirkung der Form מעכשיו zu ertheilen und die Asmachta aufzuheben. Nach dieser Erklärung wäre die Ansicht des Gaon gleich der von Raschi, dass wenn in unserem Falle die Form „von jetzt, wenn" (מעכשיו) angewendet worden wäre, die Anwesenheit des Gerichtes nicht erforderlich gewesen wäre; nur in Ermangelung dieser Form musste die Autorität des Gerichts Ersatz leisten; dieser Ersatz genügt nur aber dort, wo das Gericht bereits eingeschritten und der ganze Act auf dessen Anordnung vor sich gegangen ist; in anderen Fällen hingegen hat die Anwesenheit eines Gerichtes keinen Einfluss, die Asmachta aufzuheben. (Ausführliches hierüber siehe Beth Josef Ch. M. c. 207).

Bezüglich der Ansicht des Maimuni weichen die Meinungen des Maggid Mischna und des Kessef Mischna von einander ab. Nach Ersterem (in seinem Commetar zu Maim. Mechira c. 11, §. 13, 14) stimmt Maimuni mit dem Gaon und Alfasi gänzlich überein; nach der Meinung des Kessef Mischna (a. a. O.) hingegen hebt nach Maimuni der symbolische Mantelgriff, der vor einem Richtercollegium erfolgt ist, bei einer Sache, die bedingungsweise deponirt wurde, die Asmachta auf, ohne Unterschied ob der Gegenstand durch Intervention des Gerichts bei diesem selbst, oder ob er ohne Einflussnahme des Gerichts bei einer anderen dritten Person deponirt worden ist, und ist die Asmachta selbst dann aufgehoben, wenn die einfache Form: „Wenn" (אם) angewendet wurde. (Siehe Beth Josef Ch. M. c. 207).

Wurde der Gegenstand dem Gegner selbst bedingungsweise übergeben, so findet nach Maimuni eine Asmachta überhaupt nicht statt. (Siehe R. Nissim Nedarim a. a. O.)

Endlich hebt, nach der Ansicht des R. Jizchak und R. Tam, die Form: „von jetzt, wenn" (מעכשיו) die Asmachta überhaupt nicht auf; es ist daher, so der Gegenstand nicht sofort der anderen Partei übergeben wurde, (nach R. Tam) oder so das Rechtsgeschäft nicht in der Form eines Kaufes

erfolgt ist und der Andere dem Verpflichteten keinen freund-
schaftlichen Dienst erwiesen hat (wie in dem Falle in Baba
Mezia 65ᵇ, siehe oben §. 31 Note 1),zur Aufhebung der Asmachta
unerlässlich, dass der symbolische Act des Mantelgriffs bei
einem Richtercollegium vollzogen werde ; in diesem Sinne
ist nach der Ansicht der Tosafisten die angeführte Stelle
in Nedarim zu erklären. (Siehe Tosafot Baba Mezia 66ᵃ ; s. v.
ומניומי und R. Nissim Nedarim a. a. O. Ueber die Bedeu-
tung ב״ד חשוב siehe R. Nissim a, a. O. und Maggid Mischna
Mechira a. a. O.)

§. 35.

e) A u f h e b u n g d e r A s m a c h t a, w e n n d u r c h d e n
R ü c k t r i t t d e s E i n e n d e r A n d e r e ö f f e n t l i c h
b e l e i d i g t w i r d.

Die Gepflogenheit, bei einer Verlobung bestimmte Beträge als Strafe festzusetzen, die der Wortbrüchige, dem anderen Theile zu zahlen hat (קנס שעושין בשידוכין לקנום החוזר בו),
ist, selbst wenn der Betrag ein ungewöhnlich hoher ist
(אע״פ שגוים), nicht als Asmachta zu behandeln; der Zurück-
tretende ist zur Zahlung des festgesetzten Betrages verpflichtet
und zwar aus dem Grunde, weil er durch seinen Rücktritt
den anderen Theil öffentlich beleidigt hat, die Strafe ist
daher als Sühne der begangenen Schuld zu betrachten, weshalb kein Betrag als zu hoch anzusehen ist (דלית כאן מלתא
יתירתא כי כדאי הוא שיתחייב החוזר בקנם לרמי הבושת שבייש את
חבירו והוא כמו אם אוביר ולא אעבוד אשלם במיטבא). Ueberdies ist
hier, so wie bei der Wette, die Bedingung eine gegenseitige
und in Folge dessen keine Asmachta.[1]

§. 36.

f) A u f h e b u n g d e r A s m a c h t a d u r c h e i n
G e l ö b n i s s.

Ein bedingtes Versprechen, welches durch ein Gelübde
(נדר), einen Schwur (שבועה), oder durch Handschlag (תקיעת כף)
bekräftigt wird, hebt die Asmachta auf und ist giltig.[2]

---

[1] Ch, M. c. 207, §. 16. Siehe Tosafoth Baba Mezia 66ᵃ, s. v.
ומניומי. R. Ascher Nedarim und Resp. c. 34. §. 2 und Beth Josef Ch.
M. a. a. O.

[2] Ch. M. a. a. O. §. 10.

Aus diesem Grunde findet eine Asmachta nicht statt bei
einem bedingten Versprechen, etwas . dem Heiligthume zu
weihen oder einem frommen wohlthätigen Zweck zu widmen,
weil dies als Gelübde angesehen wird.[1])

Die in den Urkunden gebräuchliche Clausel: דלא כאסמכתא
ודלא כטופסי דשטרי „Dieser Act soll nicht als Asmachta betrachtet werden" hebt nach der Ansicht des R. Ascher (Resp.
c. 72), dem auch der Schulchan Aruch (Ch. M. c. 207, §. 17)
beipflichtet, die Asmachta nicht auf; nach der Meinung eines
Gaon aber, und wie es scheint auch nach der des R. Samuel
b. Meir, wird durch die erwähnte Clausel die Asmachta aufgehoben.

Anmerkung. Dem röm. Rechte sind folgende gewagte Glücks-Hoffnungsverträge bekannt:

1. emtio spei (Hoffnungsverkauf); dieser ist dann abgeschlossen, wenn die Hoffnung der Gegenstand des Vertrags ist (ipsum incertum rei venit); der Vertrag gilt nicht,
wenn die Hoffnung unrealisirbar ist; (z. B. Jemand kauft
einen zukünftigen Fischzug in dem Augenblick, wo das aus-
geworfene Netz schon zurückgezogen war); die Gegenleistung
muss erfolgen, selbst wenn die Hoffnung fehlschlägt.

2. Eine emtio rei speratae ist dann abgeschlossen,
wenn eine Sache, deren Entstehung nach der Natur der
Dinge erwartet werden kann (z. B. 100 Scheffel Weizen
von der zukünftigen Ernte), der Gegenstand des Vertrages
ist; der Verkauf ist ein Verkauf unter der stillschweigenden
Bedingung „wenn die Sache entsteht", er wird also erst dann
perfect und die Gegenleistung erst dann geschuldet, wenn die
Sache entsteht, hingegen hat die Qualität der existent ge-
wordenen Sache keinen Einfluss auf den Kaufpreis.

3. Ueber Spiele hat das röm. Recht folgende Bestimmungen: Im Allgemeinen sind sie verboten; gestattet ist das
Spielen um die Zeche, das Spielen um Geld nur bei ludi
virtutis causa (Ring- und Kampfspielen); Justinian beschränkte
das Spiel auf fünf bestimmte Spiele und mit der Massgabe,
dass höchstens ein Solidus gesetzt würde. Jede andere Spiel-
schuld ist nichtig und kann, falls sie bezahlt ist, binnen

1) Ch. M. c. 207. §. 19; Jore Dea c. 258, §. 10.

fünfzig Jahren zurückgefordert werden. Wer zum Zwecke des Spielens eine Sache verkauft, haftet dem Käufer nicht wegen Eviction.

4. Die Wette ist ein auf entgegengesetzte Behauptungen bezogenes, gegenseitiges Versprechen, wonach Derjenige, dessen Behauptung die unrichtige ist, dem Anderen etwas zu leisten verspricht. Als bedingtes Versprechen ist sie vollgiltig (nur musste sie entweder in Stipulationsform eingegangen oder der Werthpreis einem Dritten übergeben worden sein); ungiltig ist die Wette, die sich auf etwas Unsittliches, namentlich auf ein verbotenes Spiel bezieht. Einige behaupten die Ungiltigkeit der Wette überhaupt.

5. Foenus nauticum, pecunia traiecticia ist ein Darlehen an eine Person, welche das Geld selbst oder die dafür angeschafften Waaren über Meer senden, jedoch die Gefahr des Transports nicht übernehmen will und welche deshalb mit dem Gläubiger verabredet, dass dieser die Gefahr des Transports (also zwischen Abfahrt und Ankunft) tragen solle. Geht das Darlehen resp. die angeschaffte Waare unter, so hat der Gläubiger keine Forderung; anders jedoch, wenn der Darlehensempfänger den Untergang verschuldet. Auch eine andere als Seegefahr kann verträglich übernommen werden, man spricht dann von foenus quasi nauticum. (Baron, Pandekten §. 216.)

IV. Hauptstück.

Obligatorische Verträge.

I. Capitel. Der Darlehensvertrag.

§. 37.

Begriff.

Das Darlehen entsteht in der Regel durch Uebergabe von Geld an einen Andern zu dessen Eigenthum mit der Verabredung, dass dieser das Empfangene in gleicher Quantität und Qualität zurückzahlen solle; doch wird nicht selten der Kaufpreis einer Waare dem Käufer als Darlehen überlassen (זקפן עליו במלוה), und der Käufer tritt hiedurch zum Verkäufer in das Verhältniss des Darlehenempfängers (לוה) zum Darlehengeber (מלוה). Ebenso tritt dieses Verhältniss ein, wenn der um ein Darlehen Angegangene einem Andern, der von früher sein Schuldner ist, in Gegenwart des Ansuchenden die Weisung ertheilt, diesem den schuldigen Betrag zu geben (במעמד שלשתן); in allen diesen Fällen ist der Empfänger zur Zahlungsleistung verpflichtet.

§. 38.

Arten des Darlehens.

Das Darlehen ist entweder ein mündliches oder ein schriftliches.

Ein mündliches Darlehen (מלוה על פה) ist ein Vertrag, welcher in der Gegenwart zweier Zeugen oder selbst ohne Beisein von Zeugen bloss zwischen den beiden Parteien verabredet und abgeschlossen wird.

Ein schriftliches Darlehen (מלוה בשטר) ist hingegen ein Vertrag, wo im Auftrage des Empfängers ein, unter Beobachtung der gesetzlichen Formalitäten ausgestellter von zwei glaubwürdigen Zeugen unterfertigter Schuldschein (שטר מלוה)[1] dem Darlehengeber ausgefolgt wird. Sowohl beim mündlichen als beim schriftlichen Darlehen ist der Vertrag erst dann rechtskräftig abgeschlossen, wenn der vereinbarte Betrag dem Empfänger übergeben worden ist. Selbst der im Einver-

---

1) Siehe Baba Bathra 162ᵃ ff.; Ch. M. c. 44, 45.

ständniss mit dem Darlehengeber ausgestellte und von Zeugen gefertigte Schuldschein verpflichtet diesen noch nicht, das Darlehen zu effectuiren, er kann immer noch zurücktreten, solange er das Geld dem Empfänger zu dessen Eigenthum nicht gegeben hat.[1])

1. A n m e r k u n g. Die Unterschiede zwischen einem mündlichen und schriftlichen Darlehen bezüglich der Einreden des Empfängers gegen die gerichtliche Klage des Gebers, so wie rücksichtlich der Execution veräusserter Immobilien des Schuldners, gehören in das Civilrecht.

2. A n m e r k u n g. Ein schriftlicher Akt, der bloss die Unterschrift des Schuldners trägt und nicht von Zeugen gefertigt ist (כתב יד), wird nicht als ein schriftlicher, sondern bloss als ein mündlicher Darlehensvertrag betrachtet.[2])

Hingegen ist ein mündlicher Darlehensvertrag, bei welchem der symbolische Act des Mantelgriffs stattgefunden hat, nach dem Rechtssatz סתם קנין לכתיבה עומד, dem schriftlichen Darlehensvertrag gleich.[3])

§. 39.

Das Darlehen ein obligatorischer Vertrag.

Mit dem Empfang des Darlehenbetrags entsteht für den Empfänger die Pflicht, die Rückzahlung zu leisten (שעבוד הגוף) und für den Geber das Recht, des Ersteren Besitz zu exequiren, so dieser die Zahlung nicht leistet (שעבוד נכסים). Dieses Recht des Gläubigers ist aber kein dingliches (קנין), sondern bloss ein obligatorisches (שעבוד), wodurch der Schuldner in seinem Eigenthumsrecht beschränkt wird, der Vertrag ist ein obligatorischer, ein auf Gegenleistung gerichteter.

II. Capitel. Der Pfandvertrag.

§. 40.

Arten der Verpfändung.

Die Verpfändung einer Sache des Schuldners an den

---

1) Ch. M. c. 39, §. 17. Einige sind der Meinung, dass der Geber mit der Fertigung der Urkunde das Darlehen nicht mehr verweigern kann; siehe hierüber Sifse Kohen a. a. O. Gl. 49.

2) Ch. M. c. 60.

3) Ch. M. c. 39.

Gläubiger kann geschehen, entweder zugleich mit dem Abschlusse des Darlehens (משכנו בשעת ההלואה), oder erst später
und zwar durch den Schuldner oder durch das Gericht
(משכנו שלא בשעת ההלואה).

Nach mos. talm. Recht muss der Pfandnehmer in beiden Fällen einstehen für Custodia (מלוה על המשכון כשיש) ;
er haftet also für die Beschädigung sowie für Diebstahl der
verpfändeten Sache (חייב בפשיעה ובגנבה ואברה).[1] Ob er auch
für den Verlust haftend ist, welcher ohne sein Verschulden durch unabwendbare Unglücksfälle entstanden ist
(באונסין), darüber sind bezüglich einer Verpfändung, die nicht
zugleich mit dem Darlehen stattgefunden hat, die Meinungen
getheilt, doch wird jene Ansicht allgemein als massgebend
angenommen, dass gleichwie bei der Verpfändung, welche
zugleich mit dem Darlehen geschehen ist, auch bei jener
Verpfändung, die erst später geschah, der Pfandnehmer für
besondere Unglücksfälle nicht haftend ist.[2] In keinem Falle
ist der Gläubiger berechtigt, das Pfand zu benützen oder zu
veräussern. Er besitzt kein Eigenthumsrecht an dem Pfand
und der Rechtssatz בעל חוב קונה משכון („Der Gläubiger hat
das Pfand in sein Eigenthum gebracht“) ist nicht im eigentlichen juridischen Sinn zu nehmen, sondern es ist bloss
darunter zu verstehen, dass der Gläubiger während der Zeit
der Verpfändung manche Rechte, besondess solche, die auf
rituellem Gebiete entscheidend sind, besitze; der Schuldner
hat daher durch die Verpfändung sein Eigenthumsrecht bloss
beschränkt, nicht jedoch an den Gläubiger übertragen.

Der Pfandnehmer hat die Pflicht, nach Bezahlung der
Schuld die Sache dem Verpfänder zurückzugeben und in der
Zwischenzeit für die Erhaltung des Pfandes zu sorgen und
zu haften; der Pfandgeber hat hingegen die Pflicht die Schuld

---

[1] Baba Mezia 82ᵃ ff. u. a. O.; Maim. Sechirot c. 10, §. 1 ; Ch.
M. c. 72, §. 2.

[2] Tosafot Baba Mezia 82ᵇ, s. v. אימור u. sonst Maim. a. a. O.;
Ch. M. a. a. O. Nach der Ansicht Raschis und des R. Abraham a.
a. O. ist bei einer Pfändung, die nicht zugleich mit dem Darlehen erfolgt ist, der Pfandnehmer selbst für unabwendbare Unglücksfälle verantwortlich (משכנו שלא בשעת הלואה חייב אף באונסי) Siehe hierüber
Sifse Kohen, Ch. M. 72. Gl. 9.

zu tilgen und das Pfand einzulösen oder es nach dem Verhältnisse der Schuld in das Eigenthnm des Gläubigers zu
übertragen; es ist dies daher ein obligatorischer Vertrag und
zwar ein gegenseitiger.

III. Capitel. Der Bürge.

§. 41.

Begriff und Arten.

Bürge (ערב) ist der, welcher eines Anderen Verbindlichkeit in accessorischer Weise übernimmt, ohne den bisherigen
Schuldner seiner Verpflichtung zu entheben.

Die Uebernahme der Bürgschaft kann geschehen:
1. zugleich bei der Uebergabe des Darlehens an den
Empfänger (ערב בשעת מתן מעות) oder
2. in einer späteren Zeit, wenn z. B. der Gläubiger
den Schuldner zur Zahlung drängt (ערב לאחר מתן מעות).

Im ersten Falle genügt schon das mündliche Versprechen des Bürgen, ihn zur Leistung der Zahlung zu verpflichten; wenn er dem Darlehengeber sagt: הלוהו ואני ערב ("Leihe
ihm den verlangten Betrag und ich bin dafür Bürge") ist der
Vertrag geschlossen, ohne dass irgend ein besonderer Rechts-
act erforderlich wäre[1] ערב בשעה מתן מעות אין צריך קנין.

Im zweiten Falle aber muss das Versprechen, Bürge
zu sein, durch den symbolischen Act des Mantelgriffs (ק"ס)
bekräftigt werden.[2]

In beiden Fällen ist die Obligation des Bürgen bloss
eine accessorische und kann der Gläubiger die Zahlung des
Darlehens vom Bürgen erst dann fordern und gegen ihn
Klage führen, wenn erwiesen ist, dass der Schuldner zah-
lungsunfähig ist und dass die Zahlung von ihm nicht erreicht
werden kann.[3] לא יתבע מן הערב תחילה.

Hat der Gläubiger jedoch dem Bürgen gegenüber sich
ausdrücklich bedungen, dass es ihm frei stehen solle, seine
Forderung und Klage zur Verfallszeit sogleich gegen den
Bürgen zu erheben, ohne erst den Schuldner klagen zu

---

[1] Baba Bathra 173ᵇ; Maim. Malwe Welowe c. 25. §. 2: Ch. M.
c. 129. §. 2.

[2] Baba Bathra a. a. O.; Maim. a. a. O. §. 1; Ch. M. a. a. O. §. 1.

[3] Baba Bathra a. a. O.; Maim. §. 3, 4; Ch. M. §. 8.

48

müssen, dann kann er sofort die Zahlung vom Bürgen fordern und dieser kann sich dann an den eigentlichen Schuldner halten.[1]) ואם אמר על מנת שאפרע ממי שארצה. תחלה יפרע מן הערב תחלה.

Sagt der Bürge dem Darlehengeber: תן לו ואני אתן לך („Gib ihm das verlangte Darlehen, ich werde es dir wieder geben"), dann ist er kein einfacher Bürge, sondern hat die Zahlungspflicht unter allen Umständen übernommen (ערב קבלן) es kann daher der Gläubiger die Zahlung von ihm fordern, ohne sich an den Schuldner wenden zu müssen.[2])

§. 42.

Der Bürgschaftsvertrag ein obligatorischer.

Der Bürgschaftsvertrag entsteht durch die Willenserklärung des Bürgen, dem Darlehengeber etwas zu leisten, und durch die Annahme dieser Leistung von Seiten des Letzteren; er ist daher ein obligatorischer einseitiger Vertrag.

Anmerkung. Nach dem vorjustinanischem Recht konnte der Gläubiger im Falle der Nichterfüllung den Bürgen sofort belangen und es bedurfte einer ausdrücklichen Abrede, wenn der Gläubiger gehalten sein sollte, vorher den Hauptschuldner zu belangen. Justinian gab dem Bürgen das Recht, auch ohne besondere Abrede vorherige Anklagung des Hauptschuldners zu verlangen. Dieses Recht fällt weg, wenn der Hauptschuldner abwesend ist und in einer durch den Richter festzusetzenden Frist vom Bürgen nicht gestellt wird. (Siehe Baron, Pandekten §. 259, III. 1.)

IV. Capitel. Der Leihvertrag (שאלה).

§. 43.

Begriff.

„Leihe im engeren Sinne (שאלה, Commodatum) ist die Hingabe einer Sache in den Besitz (Dentention) eines Andern (des שואל, Commodatars) zum Zwecke ihres Gebrauches, ohne Entgelt mit der Verabredung, dass der Empfänger die Sache nach gemachtem Gebrauch dem Leihenden (משאיל,

---

1) Baba Bathra a. a. O.; Maim. §. 4; Ch. M. §. 14.
2) Baba Bathra 174a; Maim. a. a. O. §. 4, 5; Ch. M. a. a. O.
§ 15, 17.

Commodator, Commodant) zurück geben solle." (Baron, Pandekten §. 275). Hierin unterscheidet sich das Darlehen (הלואה) von der Leihe (שאלה). Bei jenem wird das Eigenthum der Sache dem Empfänger übertragen und ist dieser nur verpflichtet, eine andere Sache von gleicher Quantität und Qualität zurück zu zahlen; bei der Leihe aber gelangt der Empfänger bloss in den Besitz der Sache zu zeitweiliger Benützung, ohne ein Eigenthumsrecht daran zu erwerben, in Folge dessen er die Sache selbst dem Leiher (משאיל) zurück zu geben verpflichtet ist.[1])

Auch darin unterscheidet sich die Leihe vom Darlehen, dass bei letzterem, so keine Zahlungsfrist verabredet wird, die Zahlung innerhalb dreissig Tage nicht gefordert werden kann;[2]) hingegen ist der Empfänger bei der Leihe verpflichtet, sobald er den beabsichtigten Gebrauch von der Sache gemacht hat, dieselbe dem Eigenthümer zurück zu geben, es wäre denn, dass eine bestimmte Frist zur Rückgabe verabredet worden.[3]) Während der Zeit der Leihe steht der Commodator (שואל) für Custodia im engeren Sinne ein und haftet nicht bloss für Diebstahl und Verlust (גנבה ואבדה) sondern auch für Beschädigung und Verlust durch unabwendbare Unglücksfälle (שואל חייב באונסין).[4]) Eine Ausnahme hievon bildet eine Beschädigung, die durch die Verwendung zu der verabredeten Arbeit verursacht wird (מתה מחמת מלאכה), und jener Verlust, der sich ereignet in dem Falle, dass der Eigenthümer selbst zugleich mit der Leihe in den Dienst des שואל tritt (שאילה בבעלים).[5])

§. 44.
Der Leihevertrag ein obligatorischer.

Der Eigenthümer übernimmt die Verpflichtung den Leihgegenstand in den Besitz eines Anderen so lange zu lassen, als ihn dieser zu dem verabredeten Gebrauch benöthigt oder

---

1) Kiduschin 47b.
2) Makkot 3b; Maim. Malwe Welowe c. 13, §. 5; Ch. M. c. 73, §. 1.
3) Maim. Schaala Upikadon c. 1, §. 5; Ch. M. 341, §. 1. Nach der Ansicht von Tosafot (Sabbat 148a s. v. שואל) wäre auch die Leihe gleich dem Darlehen in der Regel eine dreissigtägige. Siehe auch Maggid Mischna a. a. O.
4) Exodus c. 22, v. 13.
5) Exodus c. 22, v. 14.

bis zu einer von beiden Parteien festgesetzten Frist; der Commodatar (שואל) verpflichtet sich dagegen, für jeden Schaden und Verlust zu haften und die Sache unbeschädigt wieder zurück zu geben; es ist dies daher ein gegenseitiger obligatorischer Vertrag, der erst dann als rechtskräftig abgeschlossen zu beurtheilen ist, wenn der Empfänger (שואל) an der Sache den Act der משיכה[1]) (zu sich ziehen, zu sich bewegen) vollzogen, oder wenn er mit dem Gebrauch der Sache (תשמיש הרגיל בו) bereits begonnen hat;[2]) von dieser Zeit ab, ist ein Rücktritt des Commodators (משאיל) nicht mehr gestattet.

V. Capitel. Die Miethe.

§. 45.

Begriff und Arten.

„Die Miethe (שכירות, locatio, conductio) ist ein Vertrag, womit der Eine (משכיר, locator) dem Anderen (שוכר, conductor) den Gebrauch und die Nutzung einer Sache oder der Arbeitskraft einer freien Person (שכיר) für eine bestimmte Geldsumme zu überlassen sich verpflichtet." (Baron, Pandekten §. 292.) Die Miethe zerfällt daher:

1. in eine Sachmiethe und
2. in eine Dienstmiethe (שכירת פועל).

Das Object einer Sachmiethe ist:

a) ein bewegliches (מטלטלין) oder
b) ein unbewegliches (קרקעות).

Die Dienstmiethe ist:

A) Die Miethe eines Arbeiters, Taglöhners (שכיר, שכירת פועל, יום) und

B) Die Miethe eines Handwerkers (אומן), Künstlers zur Verfertigung eines Werkes.

§. 46.

Die Miethe beweglicher Sachen.

Die Miethe beweglicher Sachen (שכירת מטלטלין) ist dem Kaufe sehr ähnlich[3]) (שכירות ליומא ממכר); denn die Leistung

---

[1]) Baba Mezia 99ᵃ כדרך שתקנו משיכה בלקוחות כך תקנו משיכה בשומרים; Maim. Schaala c. 1, §. 5. 6: Ch. M. c. 341. §. 1 und 5.

[2]) Baba Mezia a. a. O. השואל קרדום מחבירו בקע בו קנאו ולא מצי הדר ביה חשאיל.

[3]) Baba Mezia 56ᵇ.

des Miethers ist der des Käufers analog und auch das Object der Miethe ist dem Kaufgegenstande nahe verwandt; was nicht verkauft werden kann, das kann in der Regel auch nicht Object einer Miethe sein; dieselben Zueignungsacte, die beim Kaufe erforderlich sind, damit der Kauf perfect werde (קנינים), sind es auch bei der Miethe.[1]) Endlich finden die Gesetze über Uebervortheilung (אונאה) bei der Miethe die gleiche Anwendung wie beim Kaufe;[2]) der wesentliche Unterschied zwischen Beiden besteht aber darin, dass beim Kaufe das Object für immer und in seinem ganzen Umfang in das Eigenthum des Käufers übertragen wird, bei der Miethe hingegen der Gegenstand dem Miether nur für eine Zeit und nur zum Zwecke des verabredeten Gebrauchs überlassen wird. Ferner unterscheiden sie sich auch darin, dass der Käufer als nunmehriger Eigenthümer des Kaufobjects einen jeden wie immer Namen habenden Verlust allein zu tragen hat, während der Miether bloss für Diebstahl und den Verlust der Sache (גנבה ואבדה), nicht aber für den Verlust durch Zufall oder unabwendbare Gewalt zu haften hat (פטור באונסי').[3])

§. 47.
Die Miethe unbeweglicher Sachen.

Die Miethe unbeweglicher Gegenstände, Pacht (שכירת קרקע) besteht:

1. in der Miethe von Feldern oder sonstigen Grundstücken (שכירת שרות) zur Nutzung der Früchte und Erträgnisse und

2. In der Miethe von Häusern oder sonstiger Gebäude zur Bewohnung oder zu anderem Gebrauche (שכירת בתים).

Die Miethe eines Grundstückes ist:

a) Dass der Miether den vereinbarten Miethzins in Geld zu zahlen habe; der Miether wird dann (שוכר) genannt.

oder b) der Miether hat den verabredeten Miethzins in

---

[1]) Baba Mezia 99ᵃ; Maim. Sechirot c. 2, §. 5; Ch. M. c. 307, §. 1.
[2]) Baba Mezia 56ᵇ; Maim. a. a. O. §. 17; Ch. M. c. 227, §. 35.
[3]) Baba Mezia 80ᵇ; Maim. Sechiroth c. 1, §. 2; Ch. M. c. 307, §. 1.
Nach der Ansicht des Rabbi Meir (Baba Mezia a. a. O.) haftet der Miether selbst nicht für Diebstahl und Verlust (פטור אף בגניב' ואבדה).

4*

Naturalien (Früchte, Wein) in einer festgesetzten Quantität zu entrichten; er heisst dann חוכר.[1])

In beiden Fällen ist kein Unterschied, ob das Erträgniss ein grosses oder geringes ist, ja selbst, wenn durch ein besonderes Unglück gar kein Erträgniss erzielt wird, muss der Miether den bedungenen Miethzins an Geld resp. Naturalien in seiner vollen Gänze entrichten. Eine Ausnahme bildet nur eine allgemeine Missernte (מכת מדינה).[2])

c) Oder der Miether ist ein קבלן oder אריס d. h. er verpflichtet sich, einen vereinbarten Antheil von dem Erträgnisse selbst, z. B. den dritten oder vierten Theil desselben, als Zins dem Vermiether zu geben. In diesem Falle ist der Zins kein fixer, sondern er steigt und fällt nach dem Verhältnisse des Erträgnisses.

Die Miethe eines Hauses (שכירת בית) besteht darin, dass der Eine sein Haus oder sonstiges Gebäude einem Anderen für eine bestimmte Zeit gegen einen vereinbarten Zins als Wohnung oder zu einer anderen Benützung überlässt.

Ist die Zeit der Miethe nicht verabredet worden, und will die eine oder andere Partei das Miethsverhältniss auflösen, so muss in den Dörfern und Landstädten in den Sommermonaten eine dreissigtägige, in den Wintermonaten aber, sowie in den Grossstädten zu jeder Jahreszeit eine zwölfmonatliche Kündigung der Miethe vorangehen.[3])

Auch die Miethe unbeweglicher Güter ist sowie die der beweglichen dem Kaufe in mancher Beziehung gleich; sowie beim Kaufe kann das Grundstück eines Anderen nicht Object der Miethe sein;[4]) dieselben Zueignungsacte, die beim Kaufe von Immobilien erforderlich sind, sind es auch

---

[1]) Tosefta Demai c. 6. (מה בין שוכר לחוכר השוכר במעות והחוכר בפירת). Siehe Maim. Sechirot c. 5, §. 1 ; Ch. M. c. 320, §. 1.

[2]) Baba Mezia 105ᵇ: Maim. a. a. O. c. 8, §. 5 ; Ch. M. c. 322, §. 1.

[3]) Baba Mezia 101ᵇ; Maim. Sechirot c 6, §. 7, 8 ; Ch. M. c. 312, §. 5—7.

[4]) Darüber ob der Miether von Immobilien während der Miethezeit das Object an einen Dritten vermiethen darf, sind die Ansichten getheilt; siehe Maim. Mechira c. 23, §. 8; Beth Josef Ch. M. c. 312 ; Meirat Enajim Gl. 16 u. Ch. M. c. 316, §. 1.

bei der Miethe und auch bezüglich der Uebervortheilung gilt das Gesetz: (אין אונאה לקרקעות[1]) sowohl bei der Miethe wie beim Kauf. Sie unterscheiden sich aber darin, dass bei der Miethe nicht wie beim Kauf das Eigenthumsrecht an den Miether übertragen wird. Ferner unterscheidet sich die Miethe unbeweglicher Güter vom Kaufe rücksichtlich der Erhaltung des Objects im normalen Zustande und durch die Obligation, gewisse, im Gesetze näher bezeichnete Reparaturen vorzunehmen, wozu wohl der Käufer als Eigenthümer, nicht aber der Miether verpflichtet ist.[2]

§. 48.
Der Miethsvertrag ein obligatorischer.

Der Miether verpflichtet sich, den Miethzins nach Ablauf der verabredeten, oder durch die allgemeine Sitte bestimmten Zeitperiode[3] selbst dann zu zahlen, wenn er in seiner Person irgendwie am Gebrauche der Sache, beziehungsweise an dem Fruchtgenuss verhindert ist; ferner verpflichtet er sich, nach Beendigung der Miethezeit die Sache dem Vermiether unversehrt zurück zu stellen, insoferne nicht Gebrauch und Nutzung ein Anderes mit sich bringt, und wenn sie nicht durch unabwendbare Gewalt (באונס) zu Grunde gegangen ist oder Schaden erlitten hat. Der Vermiether verpflichtet sich hingegen den Gebrauch, respective den Fruchtgenuss der vermietheten Sache nebst dem, was dazu gehört, die ganze Dauer der Miethezeit über dem Miether zu überlassen und somit das Object in einem solchen Zustand ihm zu übergeben, dass der verabredete Gebrauch, beziehungsweise der Fruchtgenuss erfolgen könne. Die Miethe ist demnach ein gegenseitiger obligatorischer Vertrag.

VI. Capitel. Die Dienstmiethe.
§. 49.
Begriff und Arten.

Die Dienstmiethe besteht darin, dass eine Person einer anderen den Gebrauch ihrer Arbeitskraft für einen bestimm-

---

[1]) Baba Mezia 56ᵃ; Maim. Mechira c. 13, §. 14 : Ch M. c. 227, §. 52.

[2]) Siehe hierüber Maim. Sechiroth c. 5—6 ; Ch. M. c. 314.

[3]) Baba Mezia 65ᵃ שכירות אינה משתלמת אלא בסוף; Maim. Sechiroth c. 7, §. 3; Ch. M. c. 317, §. 1.

54

ten Geldbetrag zu überlassen sich verpflichtet und diese der ersteren den Lohn zu leisten verspricht. Der Dienstmiether hat den Namen בעל הבית, שוכר der Vermiethete heisst שכיר oder פועל, (Arbeiter, Taglöhner). Die Dienstmiethe unterscheidet sich von der Sachmiethe insbesondere dadurch, dass bei dieser das Miethobject eine Sache, bei jener hingegen eine Person ist.

Die Dienstmiethe ist entweder eine Miethe einer Person auf Tage, (שכיר יום, שכיר שבוע, פועל, Taglöhner) oder sie besteht darin, dass eine Person eine bestimmte Arbeit zu verrichten übernimmt gegen einen Pauschalbetrag, den der Arbeitgeber ihm zu zahlen sich obligirt ohne Rücksichtnahme auf die Tage der Arbeit (קבלן).

Der Taglöhner ist gehalten, so viele Stunden des Tages zu arbeiten, als es in seinem Wohnorte allgemeiner Gebrauch ist (כמנהג המדינה)[1]), es wäre denn, dass beide Parteien es ausdrücklich anders verabredet hätten.[2])

War die Miethe des Taglöhners für eine bestimmte Arbeit verabredet in der Voraussetzung, dieselbe werde den ganzen Tag in Anspruch nehmen, während der Arbeiter schon in der Mittagstunde seine Arbeit ausgeführt hat, so steht es dem Arbeitgeber wohl frei, für den übrigen Theil des Tages dem Arbeiter eine leichtere oder gleichschwere Arbeit zuzuweisen, keineswegs aber eine schwerere. Hat er aber keine Beschäftigung für ihn, so muss er ihm dennoch den Lohn für den ganzen Tag zahlen, jedoch kann der Arbeitgeber für die müssige Zeit die Differenz in Abschlag bringen, die zwischen dem Lohn eines in Arbeit stehenden und eines keine Arbeit verrichtenden Taglöhners besteht. (נותן לו שכרו כפועל בטל).[3])

Sowohl der Taglöhner (שכיר) als der Pauschalarbeiter (קבלן) kann in Folge seiner persönlichen Freiheit zu jeder Zeit von der Arbeit zurücktreten und das Dienstverhältniss auflösen, jedoch unterscheidet sich der Tagarbeiter von dem, der die Arbeit pauschaliter übernommen hat, bezüglich des Lohnes für die geleistete Arbeit; dem Taglöhner wird der

---

[1]) Baba Mezia 83ᵃ; Maim. Sechirot c. 9, §. 1; Ch. M. c. 331, §. 1.
[2]) Thosafot Baba Mezia a. a. O. s. v. השוכר; Ch. M. a. a. O.
[3]) Baba Mezia 77ᵃ; Maim. Sechirot c. 9, §. 7; Ch. M. c. 335, §. 1.

Werth der bis zum Rücktritte geleisteten Arbeit berechnet, während dem Pauschalarbeiter die noch zu leistende Arbeit in Abrechnung gebracht wird; wurde z. B. der Taglohn mit zwei Gulden vereinbart und tritt der Arbeiter, nachdem er einen halben Tag im Dienste gestanden hat, zurück, so erhält er einen Gulden für die geleistete Arbeit, obgleich der Arbeitgeber für den zweiten halben Tag einem anderen Arbeiter mehr als einen Gulden wird zahlen müssen. Wenn aber für den Rest des Tages eine Arbeitskraft um 50 kr. zu haben ist, so erhält der Rücktretende einen Gulden und 50 kr, wie der Lohn ursprünglich für den Tag bednngen wurde (לעולם יד השכיר על העליונה).

Beim Pauschalarbeiter (קבלן) hingegen ist das Verhältniss ein entgegengesetztes (יד הקבלן על התחתונה). Wurde z. B. für eine Arbeit ein Pauschalbetrag von acht Gulden vereinbart, und tritt der Arbeiter, nachdem er die Hälfte der Arbeit geleistet hat, zurück, der Arbeitgeber jedoch kann den Rest der Arbeit nicht unter dem Preise von sechs Gulden erlangen, so erhält der Arbeiter (קבלן) für die geleistete Arbeit bloss zwei Gulden; wäre aber der Rest der Arbeit um zwei Gulden zu haben, so bekommt der erste Arbeiter gleichwohl nur vier Gulden.[1])

Löst jedoch der Arbeitgeber das Dienstverhältniss auf, so ist der Pauschalarbeiter (קבלן) gleich dem Taglöhner (שכיר) und die Berechnung des Lohnes ist immer zu Gunsten des Arbeiters und zu Ungunsten des Arbeitgebers vorzunehmen.[2]) (יד בעל הבית על התחתונה).

Der Rücktritt der Arbeiter ist jedoch nur bei einer Arbeit zulässig, die ohne Verlust verschoben werden kann; wo aber ein Aufschub Schaden verursacht (דבר האבוד), können in der Regel weder die Taglöhner noch der Pauschalarbeiter das Dienstverhältniss auflösen und ist der Arbeitgeber berechtigt, falls es jene gleichwohl thun, auf deren Gefahr andere Arbeiter aufzunehmen und jedenfalls das, was er den anderen

---

[1]) Baba Mezia 77b; Maim. Sechirot c. 9, §. 4; Ch. M. c. 333, §. 4. Siehe Glosse und Sifse Kohen Gl. 4.

[2]) Baba Mezia 76a; Tur Ch. M. c. 333 und R. M. Isserls Glosse §. 4.

Arbeitern zahlen muss, von ihrem Lohne abzuziehen.[1])
Wenn der Arbeiter jedoch durch einen unvorhergesehenen
Unglücksfall (נאנס) an der Fortsetzung der Arbeit verhindert
wurde, dann ist er für den entstehenden Verlust nicht verantwortlich.[2])

§. 50.

Fortsetzung.

Zur Dienstmiethe gehört auch die als Gewerbe betrie-
bene geistige Arbeit und Kunstfertigkeit z. B. die des Lehrers
(מלמד), des Schreibers von Gesetzesrollen (סופר ספרי׳, תפילין,
ומזוזות), des Vorbeters (חזן) u. dgl. m. Auch diese werden
entweder für eine bestimmte Zeit gemiethet, für einen Monat
oder ein Jahr (לחדש או לשנה), oder es wird die Vereinbarung mit ihnen zur Lösung einer bestimmten Aufgabe getroffen (ללמד או לכתוב ספר אחד או מסכת אחת). Der Lehrer
kann nur dann zurücktreten, wenn ein anderer Lehrer da
ist, der seine Stelle vertreten kann; ist dies aber nicht der
Fall, so wird der Umstand, dass die Schüler ohne Unterricht bleiben würden, als ein unersetzlicher Verlust (דבר האבוד)
betrachtet, weshalb der Lehrer innerhalb der festgesetzten
Frist das Verhältniss nicht auflösen kann, es wäre denn,
dass er durch Krankheit oder sonstige unvorhergesehene
Unfälle verhindert ist, seine Pflicht zu erfüllen. Ebenso ist
ein Rücktritt unstatthaft, wenn der Lehrer oder der Schrei-
ber eine Verpflichtung (בקבלנות) gegen eine Pauschalbezah-
lung übernommen haben.[3]) Im Uebrigen findet das, was
bei der allgemeinen Dienstmiethe gesagt wurde, auch hier
Anwendung.[4])

---

[1]) Baba Mezia 75b, 78a; Maim. Sechirot c. 9, §. 4; Ch. M. c.
333, §. 5.

[2]) Baba Mezia 47a; Maim und Ch. M. a. a. O. Der Arbeiter ist nach
talmudischem Recht dem Diener gleich: von diesem lautet das Gesetz:
כי עבדי הם ולא עבדים לעבדים »Ihr seid meine Diener, aber nicht Dienr
der Diener« Ihr sollet als mit Freiheit des Willens begabte Personen
die Freiheit nicht im Dienste eines Anderen aufheben; eben aus diesem
Grunde steht dem Arbeiter der Rücktritt frei. פועל יכול לחזור אפי׳ בחצי היום

[3]) Glosse des R. M. Isserls Ch. M. c. 333; siehe Sifse Kohen 9, 26.

[4]) Glosse das.

57

§. 51.

Der Dienstvertrag ein obligatorischer. .

Bei dem Dienstmiethevertrag verpflichtet sich der Arbeiter seine Arbeitskraft während der festgesetzten Zeit resp.
bis zur Fertigstellung der übernommenen Arbeit einzusetzen.
Der Dienstgeber hingegen übernimmt die Pflicht, den verabredeten Lohn zu zahlen und zwar dem Taglöhner täglich
vor Sonnenuntergang, und dem Pauschalarbeiter an dem
Tage, an welchem er die Arbeit vollendet hat.[1] Es ist dies
somit ein obligatorischer gegenseitiger Vertrag.

1. Anmerkung. Nach römischem Recht durfte selbst der
Miether einer beweglichen Sache ohne Erlaubniss des Ver-
miethers dieselbe einem Anderen vermiethen (Aftermiether), was
nach talmudischem Recht nicht gestattet ist.[2] (אין השוכר רשאי
להשכיר). Selbst bei der Miethe unbeweglicher Güter sind die
Meinungen getheilt, ob der Miether dieselben in Aftermiethe
geben darf.

2. Anmerkung. In älterer Zeit konnte die geistige
Thätigkeit bei den Römern nicht Gegenstand eines juridisch
verpflichtenden Vertrages sein, weil man die Anwendung des
Zwanges für unziemlich und unpraktisch hielt. In späterer
Zeit wurde zwar der Begriff eines verpflichtenden Vertrages
wohl noch immer fern gehalten, jedoch wenn die Thätigkeit
gutwillig geleistet worden war, so sprachen die Magistrate
in einer cognitio extraordinaria Recht, sowohl was die
Honorarforderungen, als was etwaige Gegenforderungen betrifft; bloss Professoren der Philosophie und der Jurispru-
denz konnten kein Honorar einklagen. Der Betrag des
Honorars ward durch das Ermessen des Magistrats bestimmt;
bei Advocaten gab es ein gesetzliches Maximum. (Baron,
Pandekten §. 296, III.)

Nach talmudischem Recht darf nur der Bibelunterricht (תורה,
שבכתב, schriftliche Lehre) gegen Honorar ertheilt werden,
nicht aber der Unterricht in der mündlichen Lehre (תורה

---

[1] Leviticus c. 19, v. 13; Deuteronomium c. 25, v. 15; Baba
Mezia 110b, 112a; Maim. Sechirot c. 11, §. 1, 3; Ch. M. c. 339, §. 1—6.
[2] Baba Mezia 29b; Gittin 29a; Maim. Sechirot c. 1, §. 4. (vergl.
c. 5, §. 5); Ch. M. c. 307, § 4.

58

שבעל פה), für diesen kann der Lehrer bloss für die Zeitver-
säumniss eine Entlohnung beanspruchen. (שכר בטלה)[1])

VII. Capitel. Der Vertrag mit einem Werkmeister (אומן).

§. 52.

Begriff und Arten.

„Die Verdingung eines Werkes entsteht dadurch, dass
Jemand mit einem אומן (Werkmeister, Handwerker) überein-
kommt, dass dieser ein bestimmtes Werk für eine vereinbarte Geldsumme verfertigen solle. Das Werk kann manig-
fach sein : ein Bau, die Verfertigung von Silber- und Gold-
geräthen, die Verfertigung neuer oder Ausbesserung alter
Kleider u. dgl. m." (Baron, Pandekten §. 297, I.)

Hier sind drei Fälle zu unterscheiden:

1. Wenn der Besteller den ganzen Stoff zum Werke
dem Werkmeister übergibt und der letztere bloss die Her-
stellung des Werkes aus dem gelieferten Stoff übernommen
hat. Diesbezüglich sind die Ansichten getheilt, ob der Werkmeister durch die verbessernde Umgestaltung des rohen Stoffes in ein brauchbares, zweckentsprechendes Werk das Eigenthumsrecht bis zur Uebergabe desselben erworben habe
oder nicht.[2]) (אם אומן קונה בשבח כלי או אין קונה) Im ersteren Falle wäre das Rechtsgeschäft mehr ein Kauf und Rückkauf. Die Mehrzahl der Ansichten geht dahin, dass der Werkmeister das zeitweilige Eigenthumsrecht nicht besitze (אין אומן
קונה בשבה כלי);[3]) er gleicht von der Zeit, da er den Stoff
übernommen hat, bis zur Uebergabe des fertigen Werkes
dem, der gegen eine Entlohnung eine fremde Sache in Verwahrung nimmt (שומר שכר), er haftet daher bloss für Diebstahl und Verlust (חייב בגנבה ואבדה), nicht jedoch wenn das
Werk durch Zufall oder unabwendbare Gewalt zu Grunde
gegangen ist.[4]) Hat der Werkmeister den Besteller aufge-

---

[1] Nedarim 37ᵃ; Maim. Talmud Thora c. 1, §. 7; Jore Dea c.
246, §. 5.

[2] Baba Kamma 98ᵇ; Kidduschin; 48ᵇ; Tur Ch. M. c. 306.

[3] Maim. Sechirot c. 10, §. 4; Ch. M. c. 306, §. 2; vergl. Eben
Haeser c. 28, §. 15; und Sifse Kohen c. 306, Gl. 3.

[4] Baba Mezia 80ᵇ; Maim. a. a. O. §. 3; Ch. M. a. a. O. 61.

fordert, das fertige Werk in Empfang zu nehmen und hat
dieser dies unterlassen, so ist jener von der Zeit der erfolg-
ten Aufforderung an bloss dem unentgeltlichen Bewahrer einer
fremden Sache (שומר חנם) gleich zu halten, der auch für
Diebstahl nicht haftend ist (פטור אף בגנבה ואבדה).

2. Gibt aber der Werkmeister auch den ganzen Stoff,
den das Werk erfordert, aus seinem Eigenthume, dann ist
er Eigenthümer des Werkes und die eventuelle Uebergabe
an den Besteller gleicht einem Verkauf, mithin trifft jeder
Schaden den Werkmeister allein.

3. Hat der Besteller einen grossen Theil des Stoffes
dem Werkmeister übergeben, dieser jedoch, da der erhaltene
Stoff nicht ausreichte, einen kleinen Zusatz von dem Seinigen
zum Werke verwendet, (אומן שהוסיף נופך מן שלו)[1] (z. B.
wenn der Goldarbeiter zur gehörigen Legirung etwas hinzu
gegeben hat, der Färber zur Färbung der ihm übergebenen
Wolle die Farbe, u. dgl. m.) in diesem Falle haftet der
Werkmeister gleich dem שומר שכר für den ihm übergebenen
rohen Stoff, nicht aber für den Zusatz und die damit erzielte
Verbesserung.[2]

§. 53.
Zahlungsfrist.

Der Lohn kann mit dem Werkmeister in einer Summe
für das ganze Werk oder nach Stücken, Maaszen oder Tag-
werken vereinbart werden. Der Besteller ist jedoch die Zahlung für das ganze Werk erst dann verpflichtet zu leisten,
wenn ihm das Werk vollendet übergeben wird; in den anderen Fällen obliegt ihm die Pflicht der entsprechenden
Zahlungsleistung bei der Uebergabe eines Stückes resp.
Tagwerkes. Auch bei dem Werkmeister gilt so wie bei
jeder Miethe der Rechtsatz שכירות אינה משתלמת אלא לבסוף
„Der Lohn ist erst nach vollbrachter bedungener Leistung zu
zahlen."[3]

---

[1] Baba Kamma 99ᵃ; Kidduschin 48ᵇ.
[2] Baba Kamma a. a. O.; Maim. Sechirot c. 10, §. 4; Ch. M. c.
306, §. 3. Die übrigen in den bezeichneten Quellen vorkommenden
Rechtsfälle gehören in das Civilrecht.
[3] Baba Mezia 112ᵃ; Maim Sechiroth c. 11, §. 3; Ch. M. c. 339,
§. 6; Siehe Meirath Enajim das. Gl. 12.

§. 54.

D e r W e r k v e r d i n g u n g s v e r t r a g e i n o b l i g a -
t o r i s c h e r.

Der Werkmeister verpflichtet sich, das Werk der Bestellung gemäss herzustellen und abzuliefern, für Fehler sowie
für Diebstahl des ihm übergebenen Stoffes zu haften. Der
Besteller übernimmt hingegen die Pflicht nach Ablieferung
des Werkes den vereinbarten Lohn zu zahlen, es ist dies
daher ein obligatorischer gegenseitiger Vertrag, der mit der
Uebernahme des Stoffes durch den Werkmeister geschlossen ist.

VIII. Capitel. Der Bote.

§. 55.

B e g r i f f u n d A r t e n.

Ein Bote (שליח) ist derjenige, welcher eine ihm über-
gebene Sache oder einen von einem Anderen ihm ertheilten
Auftrag einem Dritten zu überbringen sich verpflichtet ; er
verspricht also an der Stelle des Auftraggebers (משלח) zu
handeln und zwar entweder gegen eine vereinbarte Belohnung oder auch unentgeltlich.

Hier gilt der Rechtsatz שלוחו של אדם כמותו „Der Bote
ist der Stellvertreter des Auftraggebers" und die in dessen
Auftrag vollzogenen Handlungen sind, so der Bote die ihm
ertheilte Weisung nicht überschritten hat, von derselben
rechtlichen Wirkung, als hätte sie der Auftraggeber selbst
vollbracht.[1]) Hat der Bote aber den ihm ertheilten Auftrag
zum Nachtheile des Auftraggebers überschritten, so ist der
Bote in dem Falle, dass er den Dritten, mit welchem er das
Rechtsgeschäft geschlossen, nicht verständigt hatte, dass er
nur der Bote eines Anderen sei, für welchen er das Rechtsgeschäft abschliesst, gehalten, seinen gegen den Dritten eingegangenen Verpflichtungen nachzukommen ; bezüglich des
Auftraggebers aber ist das Rechtsgeschäft nichtig, nach dem
Rechtsatz שדרתיך לתקוני ולא לעוותי „Ich habe dich ermächtigt,
zu meinen Gunsten zu handeln aber nicht zu meinem Nach-

---

[1]) Kiduschin 41ᵃ u. a. O.; Maim. Schluchim c. 1, §. 1; Ch. M.
c. 182, §. 1.

theil.[1]) Ungiltig ist der Vertrag, wenn die aufgetragene Botschaft den Vollzug einer verbotenen Handlung betrifft[2]) אין שליח לדבר עבירה.

§. 56.

Der Vertrag der Botschaft ein obligatorischer.

Das Verhältniss zwischen Auftraggeber (משלח) und Bote (שליח) entsteht durch den Vertrag, den beide Theile schliessen; er wird schon durch die blosse Vereinigung des beiderseitigen Willens giltig, ohne dass irgend ein Zueignungsact (קנין) erforderlich ist. Der Bote übernimmt die Pflicht, den Auftrag pünktlich auszuführen und der Auftraggeber verpflichtet sich, die in seinem Auftrage abgeschlossenen Rechtsgeschäfte aufrecht zu halten und dem Boten den Lohn, so ein solcher verabredet wurde, nach ausgeführter Mission zu zahlen; es ist eigentlich ein Miethsvertrag, daher ein obligatorischer gegenseitiger Vertrag. Es steht den beiden Parteien frei, das Verhältniss aufzulösen, wenn die Ausführung des übernommenen Vertrags noch nicht erfolgt ist.[3]) (ביטול שליחות).

IX. Capitel. Der Bevollmächtigte.

§. 57.

Begriff und nähere Bestimmung.

Die Bevollmächtigung (הרשאה, אורכתא) besteht darin, dass Jemand einen Anderen betraut, gerichtlich oder aussergerichtlich seine Rechte gegen einen Dritten geltend zu machen und seine Interessen zu vertreten. Der Vollmachtgeber wird מרשה und der Bevollmächtigte מורשה genannt.

Zur Giltigkeit einer Vollmacht ist erforderlich:

1. Dass dieselbe vom Vollmachtgeber schriftlich ausgestellt sei.

2. Dass in derselben die Formel enthalten sei: זיל דון

---

[1]) Kethubot 99b; Maim. a. a O. §. 2, 3; Ch. M. a. a. O §. 2, 3.

[2]) Kidduschin 42b, 43a; Baba Mezia 10b: vergl. Thosafot s. v. דאמר Ch. M. c. 182, § 1; siehe Sifse Kohen das. Gl. 1. Ausnahmen hievon Kidduschin a. a. O.; Maim. Meila c. 7, §. 2. Geneba c. 3, §. 6.

[3]) Maim. Schlichot c. 1, §. 1; Ch. M. c. 182, §. 1.

62

וזכי ואפיק לנפשך ‏ („Gehe, führe den Process, erwirb dir das Streitobject und übernehme es.")[1])

3. Muss nach talmudischem Recht das fragliche Object bestehen: entweder in Immobilien oder aus einer in Verwahrung gegebenen Sache, wenn der Gegner nicht in Abrede stellt, die Sache in Verwahrung genommen zu haben, oder endlich aus einer aus einem Darlehen entstandenen Schuld, worüber der Gläubiger einen Schuldschein besitzt (‏מטלטלי פקדון דלא כפריה‏ ‏או כלוה בשטר‏).[2]) Nach einer Institution der Gaonim jedoch kann selbst über eine mündliche Darlehensschuld, ja sogar, wenn der Schuldner die Schuld in Abrede stellt, (‏מלוה ע"פ‏ ‏דכפרי'‏) eine Vollmacht ertheilt werden.[3])

4. Muss in der Regel die Vollmacht durch den Zueignungsact des Mantelgriffs (‏קנין סודר‏) bekräftigt werden.[4]) Dem mit der vorschriftsmässig ausgefertigten Vollmacht versehenen Bevollmächtigten muss der Geklagte in gleicher Weise Rede und Antwort stehen, wie dem Vollmachtgeber, ohne dass er sagen könnte: „Ich erkenne dich nicht als Kläger an" (‏לאו בעל דברים דידי את‏); zu diesem Zwecke ist die Erklärung des Vollmachtgebers ‏זיל דון זכי ואפיק לנפשך‏ erforderlich, es ist aber nicht nöthig, dass der Bevollmächtigte durch diese Formel das Eigenthumsrecht an der fraglichen Sache erwerbe, diese bleibt vielmehr Eigenthum des Vollmachtgebers; die erwähnte Formel findet nur Anwendung bezüglich des geklagten Schuldners. Das Verhältniss des Bevollmächtigten zum Vollmachtgeber ist das des Boten (‏שליה‏) zum Auftraggeber (‏משלח‏[5])), daher ist der Bevollmächtigte nicht berechtigt dem Dritten einen Nachlass oder überhaupt etwas zum Nachtheile des Vollmachtgebers zu bewilligen[6]), und muss er nach Vollzug des Auftrages das

---

[1]) Baba Kamma 70ᵃ; Maim. Schluchim c. 3, §. 1; Ch. M. c. 122, §. 4; siehe Sifse Kohen das. Gl. 14, 15.

[2]) Baba Kamma a. a. O.; siehe Tosafot s. v. ‏אמטלטלי‏; Maim. a. a. O. §. 7; Ch. M. c. 123, §. 1.

[3]) Maim. und Ch. M. a. a. O.

[4]) Maim. a. a. O. §. 1; Ch. M. c. 122, §. 4; vergl. Sifse Kohen Gl. 13 und c. 123, Gl. 1.

[5]) Baba Kamma 70ᵃ; Maim. a. a. O. §. 1; Ch. M. c. 122, §. 4.

[6]) Maim. a. a. O. §. 9.; Ch. M. c. 123, §. 5. Auch hier findet der Rechtsatz »Ich habe dich zu meinem Vortheile ermächtigt« ‏לתקוני שדרתיך‏ ‏ולא לעוותי‏ Anwendung.

Object gegen Vergütung der etwaigen Spesen[1]), und so ein Lohn für seine Mühewaltung bedungen war, gegen Zahlung desselben dem Vollmachtgeber unversehrt übergeben.

§ 58.

Die Vollmacht ein obligatorischer Vertrag.

Die Vollmacht (הרשאה) ist gleich der Botschaft (שליחות) ein Vertrag, dessen Object eine persönliche Leistung ist und zwar entweder gegen Entgelt oder ohne irgend eine Belohnung; im ersten Falle ist er ein gegenseitiger, im zweiten Falle ein einseitig obligatorischer Vertrag, den der Vollmachtgeber sowie bei der Botschaft wieder rückgängig machen kann[2]).

X. Capitel. Der Makler.

§ 59.

Begriff.

„Ein Makler (סרסור, Sensal) ist derjenige, welcher das Vermitteln von Verträgen als Gewerbe betreibt; zu diesem Zwecke erklärt er jeder der in Verhandlung stehenden Parteien den ihm mitgetheilten Willen der anderen, oder er offerirt die Waare des Einen einem Anderen zum Kaufe und vermittelt im Auftrage des Verkäufers das Kaufgeschäft und empfängt dafür bei dem Zustandekommen des Vertrages einen Lohn" (דמי סרסרתו). (Siehe Baron, Pandekten §. 219).

Nach talmudischem Rechte ist der Makler dem Boten gleichgestellt; er ist für jeden Nachtheil, der durch die Nichtbeachtung des Willens seines Auftraggebers entsteht, sowie für jeden Verlust durch Diebstahl oder Abhandenkommen der ihm anvertrauten Sache (mit Ausnahme von אונס, durch unabwendbares Unglück) verantwortlich und muss den Schaden ersetzen[3]). Sein Verhältniss zum Eigenthümer ist das des Boten zum Auftraggeber; zwischen dem Makler und dem Eigenthümer besteht ein obligatoritcher gegenseitiger Vertrag.

---

1) Baba Kamma 70ª; Maim. a. a. O. §. 1; Ch. M. c. 122, §. 6.

2) Alfassi Baba Kamma 7. Ab.; Maim. a. a. O. § 8; Ch. M. c. 122. §. 3. Ob auch der Beklagte durch einen Bevollmächtigten sich vertreten lassen könne, hierüber siehe Ch. M. c. 124.

3) Maim. Schluchim c. 2, §. 6; Ch. M. c. 181, §. 1.

A n m e r k u n g. Dem Makler ähnlich ist der Heirats-vermittler (שדכן)[1].

XI. Capitel. Das Depositum.

§ 60.

Begriff und Arten.

„Das Depositum besteht in der Hinterlegung einer be-weglichen Sache (פקדון) in die Detention (Gewahrsam) eines Anderen (נפקד, שומר, Depositar) mit der Verpflichtung, sie zu verwahren und später dem Hinterleger (מפקיד, בעלים, Deponent) zurückzugeben". (Baron, Pandekten §. 277).

Die Verwahrung ist:

1. ohne Entgelt (שומר חנם) und
2. gegen Belohnung (שומר שכר).

Im ersten Falle haftet der Depositar für die Sache nur dann, wenn dieselbe durch sein Verschulden in Verlust geräth, (ש״ח חייב בפשיעה) oder wenn er die Sache einmal zu seinem Gebrauche benützte (שלח בו יד); ist dies aber nicht der Fall, so ist er, selbst wenn die Sache gestohlen oder verloren wird, dem Deponenten keinen Ersatz schuldig. (ש״ח פטור בגנבה ואבדה[2]). Geschieht die Verwahrung aber gegen Belohnung (שומר שכר), so haftet der Depositar für einen jeden Verlust und ist er vom Ersatz nur dann befreit, wenn eine unabwendbare äussere Macht den Verlust ver-ursacht. (ש״ש חייב בגנבה ואבדה ופטור באונסי״[3].)

In keinem der beiden Fälle ist der Depositar ohne be-sondere Erlaubniss des Deponenten berechtigt, die Sache zum eigenen Gebrauch zu benützen (שואל שלא מדעת גזלן הוא)[4].

---

[1] Ch. M. c. 185, § 10. Ueber die näheren Bestimmungen des Heiratsvermittlers bezüglich der Belohnung, siehe Ch. M. a. a. O.; ferner c. 87, §. 10 und c. 264, §. 7.

[2] Exodus c. 22, v. 6—8; Baba Mezia 93ᵃ; Maim Sechirot c. 1. §. 2, c. 4, §. 1; Ch. M. c. 291, §. 1, c. 292, §. 1: siehe Sifse Kohen Gl. 1.

[3] Exodus c. 22, v. 9, 10; Baba Mezia 93ᵃ; Maim. Sechirot c. 1, §. 2; Ch. M. c. 303, §. 1.

[4] Exodus a. a. O; Baba Mezia 43ᵇ; Maim. Gesela c. 3, §. 11, 12; Ch. M. c. 292, § 1. Selbst wenn er die Sache bloss ergriffen hat in der Absicht sie zu benützen, wird er betrachtet, als hätte er sie wirklich benützt. Ist das Depositum aber Geld, so ist zu unterscheiden

... · Der Depositar ist auch nicht berechtigt ohne Erlaubniss des Deponenten das Depositum einem Anderen in Verwahrung zu geben, widrigenfalls hat er für jeden Verlust Ersatz zu leisten. (שומר שמסר לשומר חייב[1]).

§ 61.

Das Depositum ein obligatorischer Vertrag.

Der Depositar übernimmt die Pflicht, die Sache an einem bestimmten sicheren Orte zu hinterlegen, sie vor jeder Gefahr und Beschädigung sorgfältig zu bewahren und zur festgesetzten Zeit unversehrt zurückzustellen. Der Deponent hat wieder die Pflicht, wenn ein Lohn bedungen ist, diesen bei der Uebernahne des Depositum dem Depositar pünktlich zu zahlen; in diesem Falle ist der Vertrag ein gegenseitig obligatorischer, während er bei einer unentgeltlichen Verwahrung ein einseitiger ist. Dieser Vertrag wird als rechtskräftig abgeschlossen betachtet, wenn der Depositar das Depositum durch den Act der משיכה (Ansichziehen) übernommen hat.[2]) Doch steht es dem Deponenten frei, zu jeder Zeit das Vertragsverhältniss aufzulösen und das Depositum wieder in den Besitz zu nehmen.

XII. Capitel. Das Depositum als freiwillige Sequestration.

§ 62.

Begriff.

Die freiwillige Sequestration ist eine solche, wo zwei oder mehrere Personen bei einer Dritten (שליש) eine Sache hinterlegen (deponiren) mit dem Auftrage, bei Eintritt gewisser Ereignisse oder unter bestimmten Umständen dieselbe

---

ob es verbunden und versiegelt dem Depositar übergeben wurde und ob der Depositar ein Privatmann oder Geschäftsmann ist. Siehe ausführlicher Baba Mezia 43ª; Maim. Schaala c. 7, §. 6; Ch. M. c. 192, §. 6.

[1]) Baba Mezia 36ª; Maim. Sechirot c. 1, §. 4; Ch. M. c. 192, §. 25. Eine Ausnahme bildet es, wenn der Depositar einer solchen Person das Depositum übergeben hat, der der Deponent schon mehrmals Deposita anvertraut hat. Näheres hierüber siehe in den angeführten Stellen.

[2]) Baba Mezia 49ª, כשם שתקנו משיכה בלקוחות כך תקנו משיכה) בשומרים); Maim. Sechirot c. 2, §. 8; Ch. M. c. 291, §. 5; c. 303, §. 1.

dem Einen oder dem Anderen auszufolgen, oder einem Jeden von ihnen einen bestimmten Theil zu geben.

In der Regel ist die Veranlassung der freiwilligen Sequestration ein Rechtsstreit, wo ein jeder der Deponenten Anspruch auf die Sache erhebt, oder ein Zweifel bezüglich des Eigenthumsrechts, der erst später von selbst behoben werden kann; da entscheidet der Ausgang des Streites (das Urtheil oder der Vergleich) respective die erfolgte Aufklärung, wem das Depositum gegeben werden soll. Zuweilen geschieht aber eine Sequestration (שלישות) ohne Rechtsstreit; z. B. mehrere Gesellschafter deponiren die Schuldurkunden der Gesellschaft, die Erben deponiren gemeinschaftlich Documente der Verlassenschaft, der Gatte deponirt den Scheidebrief (גט) und die Ketuba (כתובה) u. dgl. m. Nach talmudischem Rechte ist, wenn nachher Einer oder der Andere der Deponenten die vom Depositar angegebenen Bestimmungen bezüglich der Sequestration in Abrede stellt, die Angabe des Sequesters (שליש) gleich der Aussage von Zeugen (שליש נאמן משניהם) „dem Sequester wird mehr Glauben beigemessen als den Deponenten". Dieser Rechtsatz ist jedoch beschränkt auf die Angaben, die der Sequester macht, so lange er noch im Besitz des Depositums ist (בזמן שהשלישות בידו); hat er aber das Depositum aus Händen gegeben, so ist seine Angabe bloss gleich der Aussage eines einzelnen Zeugen (עד אחד), denn er wird nur insolange als Vertrauensperson der beiden Deponenten betrachtet, als er das Depositum in Besitz hat.[1] Um aber einem jeden nachträglich entstehenden Streit vorzubeugen, wurde in nachtalmudischer Zeit die Anordnung getroffen, dass das Depositum dem Depositar beim Gerichte übergeben und die Sequestrationsbestimmungen vor demselben genau angegeben werden sollen.[2]

Die Sequestration als Vertrauenssache ist in der Regel unentgeltlich und ist der Sequester bezüglich des Schadenersatzes dem Depositar gleich, der keinen Lohn erhält (שומר חנם).

---

[1] Tosefta Baba Mezia Abschnitt 1; Talmud Gittin 64ª; Maim Malwe Welowe c. 16, §. 8; Ch. M. c. 56, §. 1; Eben Haeser c. 141, §. 55.
[2] Ch. M. c. 56, §. 3.

§ 63.
Die Sequestration ein obligatorischer Vertrag.

Der Sequester (שליש) ist verpflichtet, die Sache vor Verlust und Beschädigung zu bewahren und laut Verabredung über dieselbe zu verfügen, ohne sein Mandat zu überschreiten.

Es ist dies ein einseitiger obligatorischer Vertrag, der mit der Uebergabe der Sache an den Sequester abgeschlossen ist, und kann kein Theil der Deponenten ohne den anderen den Vertrag auflösen.

V. Hauptstück.

Der dingliche Vertrag.

I. Capitel. Der Kauf.

§. 64.

Begriff.

Der Kaufvertrag (מכירה, emtio, venditio) ist ein solcher,
wo der Eine (מוכר, venditor) dem Anderen (קונה, לוקח, emtor)
einen Gegenstand zu überlassen, der Andere dem Erstern
die verabredete Geldsumme für den Gegenstand zu zahlen
sich verpflichtet. (Siehe Baron, Pandekten §. 286.) Der Kaufgegenstand kann sein: eine bewegliche (מטלטלי) oder eine
unbewegliche Sache (קרקע); eine lebende (עבדים, בהמה, Thiere
oder Sklaven) oder eine leblose; jedoch sind die Zueignungsacte (קנינים) je nach der Verschiedenheit des Kaufobjects
verschieden; denn mit dem blossen mündlichen Uebereinkommen der Parteien und der Festsetzung des Kaufpreises,
selbst wenn dies vor Zeugen geschieht, ist der Kauf nicht
abgeschlossen und kann ein Jeder der Vertragschliessenden
rechtlich noch immer vom Kaufe zurücktreten. Erst mit dem
Vollzug des gesetzlichen Zueignungsactes von Seiten des
Käufers, wodurch das Object dessen Eigenthum wird, ist
der Vertrag rechtskräftig abgeschlossen und kann ein Rücktritt selbst im Einverständnisse beider Theile nicht mehr
stattfinden, es wäre denn, dass von Seiten des Verkäufers
ein Rückkauf mit Anwendung des Zueignungsactes gemacht
und somit ein neuer Vertrag geschlossen würde.[1]

§. 65.

Zueignungsacte bei unbeweglichen Gütern.

Ist der Kaufgegenstand ein unbewegliches Gut (נכסים
שיש להם אחריות, קרקע) so ist der Zueignungsact:

a) כסף (Geld) d. h., dass der Käufer dem Verkäufer den
vollen Kaufpreis oder einen Theil desselben gebe.[2]

---

[1] Baba Mezia 49ª; Maim. Mechira c. 1, §. 1, 2; Ch. M. c. 189,
§. 1. Doch ist es eine moralische Pflicht beider Theile das gegebene
Versprechen zu erfüllen, wenn sie auch rechtlich zurücktreten können
(מחוסרי אמנה).

[2] Kidduschin 26ᵇ; Maim. Mechira c. 1, §. 4; Ch. M. c. 190, §. 2.

: *b*) שטר (Urkunde) d. i., dass der Verkäufer dem Käufer einen von Zeugen unterfertigten schriftlichen Kaufvertrag einhändige.[1])

c) חזקה (In Besitznahme) d. h., dass der Käufer das Object in Besitz nehme durch die Vornahme irgend einer Veränderung, Umgestaltung desselben und zwar entweder in Gegenwart des Verkäufers oder auch in dessen Abwesenheit, wenn dieser zum Käufer die Worte לך חזק וקני gesagt hatte : „Gehe hin, bemächtige dich des Grundstückes und erwirb hiedurch das Eigenthumsrecht.[2])

d) oder קנין סודר d. i. durch den symbolischen Act des Mantelgriffs, den der Verkäufer am Kleide des Käufers vornimmt.[3])

A n m e r k u n g. Geschieht der Kauf durch den Zueignungsact von כסף (Geld) und zahlt der Käufer dem Verkäufer nicht den ganzen Kaufpreis, so darf der Betrag, den er ihm einhändigt, nicht weniger als eine פרוטה sein, der Rest soll als Darlehen gelten (vergl. Meirath Enajim Ch. M. a. a. O. Gl. 1 und §. 10.) Da, wo der Käufer dem Verkäufer kein volles Vertrauen schenkt, ist die Zahlung des Kaufpreises nicht genügend und muss auch zur Giltigkeit des Vertrags eine Urkunde ausgestellt und dem Käufer übergeben werden, (Kidduschin 27ᵃ Maim. und Ch. M. a. a. O.)

§. 66.

Z u e i g n u n g s a c t e b e w e g l i c h e r l e b l o s e r S a c h e n.

Die Zueignung beweglicher lebloser Sachen geschieht:

1. Dadurch, dass der Käuter den Kaufgegenstand an sich zieht, wenn man denselben in Folge seiner Schwere nicht zu heben pflegt (משיכה בדבר שאין דרכו להגביה),[4]) oder

---

1) Kidduschin a. a. O.; Maim. a. a. O. §. 7; Ch. M. c. 191, §. 1. Ausnahmen hievon siehe a. a. O.

2) Kidduschin 26ᵇ; Baba Bathra 42; Maim. a. a. O. §. 8; Ch. M. c. 192, §. 1; Siehe Das. §. 16.

3) Baba Mezia 45, 46; Maim. Mechira c. 5, §. 5; Ch. M. c. 195, §. 1. Ueber die Gegenstände, mit denen dieser symbolische Act geschehen kann, siehe a. a. O.

4) Darüber ob bei beweglichen Sachen die Zahlung des Kaufpreises nach mosaischem Recht ein Zueignungsact und das Ansichziehen nur eine talmudische Institution zu Gunsten des Käufers sei, ist eine Contro-

bei leichteren Sachen durch das Emporheben seitens des Käufers (הגבהה בדבר שדרכו להגביה).[1] Das Ansichziehen (משיכה) muss ein derartiges sein, dass der ganze Gegenstand von dem Platz, den er einnimmt, weggerückt wird;[2]) er kann ferner nur statt haben auf einem Gebiet, das beiden Parteien gehört (בחצר של שניהם), oder in einem Seitengässchen (בסימטא), nicht aber auf einem, dem allgemeinem Verkehre bestimmten, öffentlichen Platze (ברשות הרבים); das Emporheben (הגבהה) hingegen, kann überall geschehen[3]) (הגבהה קונה בכל מקום).

2. Wenn der Kaufgegenstand in das Gebiet (Haus, Hof, Feld) des Käufers gebracht wird und der Ort, wo der Gegenstand sich befindet, durch den Käufer bewacht ist[4]) (חצר המשתמר לדעתו).

3. Wenn der Gegenstand (z. B. Getreide, Wein) in ein Geschirr des Käufers, das auf einem Orte sich befindet, wohin er es zu stellen das Recht hat, gegeben wird (כליו של לוקח). Dies wird so betrachtet, als wäre das Object in das Haus des Käufers gebracht worden.[5])

4. Wenn der Raum zwischen der Stelle, wo der Gegenstand liegt und der, wo der Käufer sich befindet, nicht mehr als vier Ellen beträgt (קנין ארבע אמות). Dieser Zueignungsact ist jedoch nur dann von rechtlicher Wirkung, wenn der Käufer zur Zeit, als der Gegenstand in seine Nähe gebracht wird, in einem Seitengässchen (בסימטא) oder auf einem herrenlosen Grunde sich befindet, nicht aber, wenn er auf

---

verse im Talmud Baba Mezia 47b a. a. m. O. Siehe Maim. Mechira c. 3, §. 5; Ch. M. c. 198, §. 1, 5.

1) Baba Bathra 86b; Maim. a. a. O. §§. 1—4; Ch. M. a. a. O. §. 1, 2.

2) Baba Bathra 75b; Maim. Mechira c. 3, §. 3; vergl. R. Abraham b. David und Maggid Mischna c. 4, §. 4; Ch. M. c. 198, §. 3.

3) Baba Bathra 84b; Maim. c. 4, §. 3; Ch. M. c. 198, §. 9.

4) Baba Mezia 11a; Baba Bathra 85a u. a. O.; Maim, Sechia c. 4, §. 8, 9; Ch. M. c. 200, §. 1. Ob der Platz vom Käufer bewacht sein muss, oder ob es genügt, wenn dies durch den Verkäufer geschieht, darüber sind die Ansichten getheilt, Siehe Ch. M. a. a. O, Gl. §. 1.

5) Baba Bathra 85a ff.; Maim. Mechira c. 4, §. 1; Ch. M. c. 200, §§. 3—6. Ausführliches hierüber, siehe in den angeführten Stellen.

einem öffentlichen Platze (ברה״ר) oder auf dem Gebiete eines Anderen steht.[1])

5. Durch den symbolischen Act des Mantelgriffs (קנין סודר) wie bei Immobilien (§. 65).

6. Wenn bewegliche Sachen zugleich mit unbeweglichen einer und derselben Person zugeeignet werden sollen, ohne Unterschied ob beide unter dem Rechtstitel des Kaufes oder der Schenkung, oder auch die eine durch Kauf und die andere durch Schenkung, in das Eigenthum des Käufers resp. Beschenkten übergehen sollte, so genügt der Vollzug des Zueignungsactes an den Immobilien auch für die Mobilien, so die letzteren auf den ersteren aufgehäuft (צבורים) sind, oder so der Verkäufer ausdrücklich sagt: „Erwirb das Eigenthumsrecht auf die beweglichen Güter" (קנה מטלטלי׳ אגב קרקע).[2])

7. Ist das Kaufsobject ein solches, das seines grossen Umfanges halber schwer zu bewegen und durch eigene Kraft an sich zu ziehen ist, z. B. ein Schiff (ספינה), so besteht der Zueignungsact in der מסירה d. i. in der Uebergabe des Objectes durch den Verkäufer an den Käufer.[3])

8. Beim Verkaufe von Schuldurkunden (מכירת שטרות), wodurch eine Schuld einem Dritten cedirt wird, ist der Kauf resp. die Cession erst dann rechtlich abgeschlossen, wenn der Verkäufer dem Käufer nebst dem Schuldschein einen schriftlichen Kaufvertrag übergibt (אותיות אינן נקני׳ נקני׳ במסירה אלא בכתיבה ומסירה). Der Grund hievon ist der, dass der Käufer nicht die Schuldurkunde allein, die wohl eine bewegliche Sache ist, in sein Eigenthum übertragen haben will, sondern vielmehr die Schuld selbst und mit dieser die Haftung der

---

[1]) Baba Mezia 10ᵃ; Maim. Sechia c. 4, §. 9; Ch. M. c. 243, §. 22; vergl. Sifse Kohen Gl. 9 und c. 200, §. 1; Sifse Kohen Gl. 5.

[2]) Kidduschin 27ᵃ; nach Ansicht Maimunis Mechira c. 3. §. 8; Ch. M. c. 202, §. 1, 2; siehe Glosse zu §. 2.

[3]) Baba Bathra 76ᵃ; Maim. a. a. O. §. 3; Ch. M. c. 198, §. 7. Der Ausdruck (מסירה) »Uebergeben«, ist nach Ansicht der meisten Decisoren nicht buchstäblich zu nehmen, dass die Uebergabe (מיד ליד) von Hand zu Hand erforderlich sei, vielmehr genügt es, wenn der Käufer im Auftrage des Verkäufers oder in dessen Gegenwart den Gegenstand behufs Erwerbung des Eigenthumsrechtes erfasst. Siehe Tosafoth Kidduschin 25ᵇ; s. v. בהמה; Maggid Mischna zu Maim. a. a. O. und Ch. M. c. 198, §. 8.

Immobilien des Schuldners (שעבוד נכסי הלוה), darum ist, wie beim Kauf von unbeweglichen Gütern, auch ein schriftlicher Kaufvertrag erforderlich.[1]

9. Ist aber die Schuld, die der Gläubiger an einen Dritten verkauft, bloss eine mündliche (מלוה על פה), ohne dass eine Schuldurkunde ausgestellt wurde, dann kann die Zueignung nur geschehen :

a) Durch מעמר שלשתן, d. i. dass der Gläubiger resp. Verkäufer in Gegenwart des Käufers dem Schuldner den Auftrag ertheile, die Schuld nicht ihm (dem eigentlichen Gläubiger) sondern dem anwesenden Dritten (dem Käufer) zu zahlen.[2]

b) Durch אודיתא d. i. die in der Form eines Geständnisses vor Zeugen abgegebene Erklärung des Cedenten (Verkäufers), dass die Schuld Eigenthum des Cessionars (Käufers) sei.[3]

§. 67.

Andere Zueignungsacte.

Ausser den bisher aufgezählten, gibt es noch andere Acte, wodurch der Kaufvertrag als rechtskräftig abgeschlossen gelten kann; jedoch ist dies nicht unbedingt der Fall, es hängt von der kaufmännischen Gepflogenheit ab, ob ihnen rechtliche Wirkung zukomme. Zu diesen gehört :

a) Das über Anordnung des Verkäufers oder in dessen Gegenwart vom Käufer vorgenommene Bezeichnen des Objectes mit einem ihm beliebigen Merkzeichen.[4] (סטמותא)

---

[1] Baba Bathra 76ᵃ u. a. m. O.; Maim. Mechira c. 6, §§. 10, 11 ; Ch. M. c. 66, §. 1. In der Verkaufsurkunde muss ausdrücklich gesagt werden, (קני לך איהו וכל שעבודא דאית ביה) »Erwirb hiemit das Eigenthum der Schuldurkunde mit allen Gerechtsamen, die darin enthalten und damit verbunden sind. (Baba Bathra 76ᵇ; Maim. u. Ch. M. a. a. O.

[2] Gittin 13ᵇ; Maim. Mechira c. 6, §. 8 ; Ch. M. c. 126, §. 1, c. 66, §. 19. Ob auch bei einem Schuldschein (מלוה בשטר) dieser Zueignungsact von מעמר שלשתן Anwendung findet, darüber siehe Ausführliches Sifse Kohen Ch. M. c. 66, Gl. 97.

[3] Baba Bathra 149ᵃ; Maim. Sechia c. 9, §. 9; Ch. M. c. 250, §. 3.

[4] Baba Mezia 74ᵃ; Maim. Mechira c. 7, §§. 6, 7; Ch. M. c. 201, §. 1.

b) Der Handschlag[1]) (תקיעות כף).

c) Die Angabe[2]) u. dgl.

§. 68.

Zueignungsacte lebender Wesen.

Ist das Kaufsobject ein lebendes Wesen, so ist kein Unterschied zwischen Rind- und Klein-Vieh (בהמה גסה או דקה) oder sonst einem Thiere, (חיה) bei allen wird der Kauf durch den Act des Ansichziehens (משיכה) oder durch das Emporheben[3]) (הגבהה) perfect.

Das Ansichziehen kann auch geschehen durch Rufen oder Aufschlagen mit einem Stock, ohne dass der Käufer das Vieh unmittelbar berührt; es genügt, wenn es durch des Käufers Veranlassung die Vorder- und Hinterfüsse bewegt und den früher eingenommenen Platz verlässt, doch muss dies in Gegenwart des Verkäufers geschehen; es kann aber auch in dessen Abwesenheit erfolgen, wenn er früher zum Käufer gesagt hat (לך משוך וקני) „Gehe, ziehe das Vieh zu dir und erwirb dadurch daran das Eigenthumsrecht."[4])

§. 69.

Zueignungsacte der Sklaven.

Ist das Vertragsobject ein Sklave, so ist die Zueignung gleich der von Immobilien und zwar wird der Kauf als geschlossen angesehen:

1. Wenn der Käufer dem Verkäufer den vereinbarten Kaufpreis oder einen Theil desselben zahlt (בכסף).

2. Wenn der Verkäufer dem Käufer einen schriftlichen Kaufvertrag übergibt (בשטר).

---

[1]) Ch. M. c. 201, §. 2.

[2]) Ch. M. a. a. O. Ausnahmsweise gibt es Fälle, wo die Zahlung des Kaufpreises (כסף) allein genügt, um den Kauf perfect zu machen. Siehe hierüber Baba Mezia 49ᵇ; Kidduschin 28ᵇ, 29ᵃ; Chullin 83ᵃ; Maim. Mechira c. 3, §. 6, c. 9, §. 7; Ch. M. c. 198, §. 5, u. c. 199.

[3]) Kidduschin 25ᵇ; Maim. Mechira c. 2, §§. 5, 6; Ch. M. c. 197, §§. 1, 3. Ob auch »Die Uebergabe« (מסירה) beim Kauf von Vieh ein Zueignungsact ist, darüber sind die Meinungen getheilt. Siehe Tosafoth Kidduschin a. a. O.; s v. בהמה und Ch. M. c. 197, §. 1.

[4]) Baba Bathra 75ᵇ; Kidduschin 22ᵇ; Maim. und Ch. M. a. a. O.

3. Wenn der Käufer in Gegenwart des Verkäufers oder auf dessen Geheiss sich des Sklaven bedient und solche Dienste von ihm verrichten lässt, die Sklaven leisten müssen (בחוקה), oder wenn er den Sklaven emporhebt (בהגבהה), oder auch, wenn er den Sklaven erfasst und ihn zu sich bringt (תקפו ובא אצלו) und endlich durch den symbolischen Mantelgriff (קנין סודר).[1]

Anmerkung. Da die Sklaverei überhaupt dem Geiste des Judenthums, das einen jeden Menschen als Ebenbild Gottes achtet, nicht entspricht, so ist dem Sklaven auch die Möglichkeit geboten, seine Freiheit zu erlangen, und kann er dieselbe ebenso erwerben, wie ein dritter Käufer und zwar durch כסף, d. i. dass dem Herrn durch einen Dritten der Werthbetrag gegeben wird (בכסף ע״י אחרים), oder dadurch, dass der Herr dem Sklaven einen Freiheitsbrief übergibt (שטר שחרור). (Kidduschin 23ᵃ; Maim. Abadim c. 5, §§. 1—3; Jore Dea c. 267, §. 23.) Ausführliches hierüber, sowie über die Erlangung der Freiheit des Sklaven „wenn der Herr ein Glied seines Körpers verletzt hat," (שן ועין ושאר כ״ד ראשי אברים) siehe in den angeführten Quellen.

§. 70.

Der Kauf eines Sklaven mit Immobilien.

Besteht das Kaufobject aus Immobilien und Sklaven zugleich und befindet sich der Sklave auf dem Immobil, so genügt die Besitzergreifung (חזקה) des Immobils auch für die Eigenthumsübertragung des Sklaven (קנין אגב).[2] Befindet sich aber der Sklave zur Zeit der Besitzergreifung des Immobils nicht auf diesem, so hat der Käufer wohl das Eigenthumsrecht des Immobils, nicht aber auch das des Sklaven erworben und zwar selbst dann nicht, wenn der Verkäufer ihm gesagt hat קני אותו על גבי קרקע „Erwirb mit

---

1) Kidduschin 22ᵇ; Maim. a. a. O. §§. 1—3; Ch. M. c. 196. Ist der Sklave noch minderjährig (קטן), so genügt es, wenn der Käufer ihn zu sich ruft und er diesem Rufe Folge leistet, gleich wie beim Kaufe eines Thieres. (a. a. O.).

2) Baba Kamma 12ᵃ; Maim. Mechira c. 3, §. 11; Ch. M. c. 102. §. 8.

der Besitzergreifung des unbeweglichen Gutes zugleich das Eigenthumsrecht an dem Sklaven."[1])

Verkauft aber Jemand Sklaven und bewegliche Sachen zugleich, so genügt die Besitzergreifung (חזקה) des Sklaven bezüglich der Mobilien nur dann, wenn der Sklave schläft und zur Zeit, in der die Mobilien auf ihm liegen, gefesselt ist (ישן וכפות), so dass er nicht in der Lage ist, den Ort zu verlassen; wenn der Sklave durch den Käufer bewacht wird, als ob das Mobil in dem Gebiete des Käufers läge und da es ein חצר שאינה משתמרת ומשתמר לדעתו ist, erwirbt der Käufer das Eigenthumsrecht durch den Zueignungsact (קנין חצר §. 66)[2]).

A n m e r k u n g. Nach römischem Recht ist die Perfection des Kaufvertrages als Consensualcontract schon dann abgeschlossen (perfecta emtio, venditio), wenn die Parteien über die wesentlichen Puncte des Geschäftes (Kaufgegenstand und Kaufpreis) einig sind. (Baron, Pandekten §. 286, III.) Aus diesem Grunde gehört der Kaufvertrag nach römischem Recht zu den obligatorischen Verträgen. Nach talmudischem Recht aber, wo die blosse Verabredung nicht genügt, sondern die wirkliche Uebertragung des Eigenthums erforderlich ist, ist er den dinglichen Verträgen einzureihen.

II. Capitel. Beschaffenheit des Kaufobjectes.

§. 71.

Existenz des Kaufobjectes.

Das Object des Kaufes muss zur Zeit des Vertragsschlusses existiren (ein דבר הבא לעולם sein); Gegenstände die noch nicht existiren, können nicht verkauft werden (אין אדם מקנה דבר שלא בא לעולם). So können z. B. die Früchte eines Baumes, bevor an diesem Frucht-Knoten vorhanden sind, das erst später wachsende Getreide eines Feldes nicht Gegenstand eines Verkaufsvertrages bilden und kann jede der

---

[1]) Baba Kamma a. a. O.; Maim. und Ch. M. a. a. O.

[2]) Baba Kamma 12ᵃ; siehe Tosafoth; s. v. והלכתא und R. Ascher §. 12; Maim. a. a. O. §. 12; siehe Maggid Mischna zur St.; Ch. M. a. a. O. §. 9.

Parteien, selbst dann, wenn die Früchte gewachsen sind,
vom Kaufe zurücktreten.[1]) Lautet aber der Vertrag, dass der Verkäufer das Feld
auf ein oder mehrere Jahre verkaufe, damit die in dieser
Zeit wachsenden Früchte dem Käufer gehören (אילן לפירותיו),
dann ist der Kauf rechtlich giltig, da doch das Grundstück
bereits vorhanden ist.[2])

Anmerkung. Nach römischem Recht können auch
zukünftige Dinge Gegenstand eines Kaufvertrags sein, ohne
Unterschied, ob sie erst von Menschenhand verfertigt wer-
oder auf natürlichem Wege entstehen sollen. (Baron, Pandekten §. 286, I.)

§. 72.
Besitz des Gegenstandes.

Gleich den nicht existirenden, können auch Gegenstände, die der Verkäufer nicht besitzt, kein Verkaufsobject
bilden, selbst wenn der Verkäufer eine Anwartschaft darauf
hat, und ist ein solch geschlossener Vertrag ungiltig.[3])
(אין אדם מקנה דבר שאינו ברשותו).

§. 73.
Gegenstände, die bloss in der Vorstellung
bestehen.

Das Kaufobject muss ein solches sein, das in Wirk-
lichkeit für sich besteht; Gegenstände aber, die bloss in der
Vorstellung als solche bestehen (דבר שאין בו ממש), können
nicht verkauft werden und ist der Vertrag nichtig; z. B.
das Wohnen in einem Hause kann nur dann Object des
Kaufes sein, wenn der Vertrag lautet: Das Haus sei dir

---

1) Jebamot 93ᵃ; Kidduschin 62ᵇ, a. a. O.; Maim. Mechira c. 22,
§. 1, Ch. M. c. 209, §. 4.

2) Baba Bathra 147ᵇ; Maim. a. a. O. c. 23, §. 1, 2; Ch. M. a.
a. O. Ueber den Unterschied zwischen Kauf auf eine beschränkte Zeit
und Miethe siehe Maim. a. a. O. §§. 6—9.

3) Baba Mezia 16ᵃ; Maim. Mechira c. 23, §. 5; Ch. M. c. 209,
§. 5, c. 211, §. 1, z. B. מה שאירש מאבא מכור לך »Was ich von meinem
Vater erben werde, sei dir verkauft,« Vergl. Ch. M. a. a. O. §. 2.

verkauft zur Benützung der Wohnung, u. dgl. m.[1]) (האומר
ידור פלוני בבית זה לא אמר כלום).

§. 74.

Nicht genau bezeichnete Gegenstände.

Das Kaufobject muss bezüglich der Gattung genau bestimmt sein, damit der Vertrag rechtsgiltig abgeschlossen
werden könne.

(דבר המסויים). Wenn Jemand z. B. einem Anderen Alles,
was in seinem Hause sich befindet, verkauft, ohne die Objecte
einzeln anzugeben, so ist der Kauf als דבר שאינו מסויים
ungiltig.[2])

Ist aber das Object bezüglich der Gattung genau be-
zeichnet, nur die Quantität des Gegenstandes nicht angegeben, so genügt es, wenn für jedes einzelne Maass der
Waare der Kaufpreis festgesetzt wurde, und der Kauf ist
selbst dann giltig, wenn es sich nachher herausstellt, dass
das Quantum ein geringeres ist, als man nach dem Augen-
schein vermuthet hatte.[3])

§. 75.

Gestohlene oder geraubte Gegenstände.

Das Kaufobject muss das rechtmässige Eigenthum des
Verkäufers sein; Gegenstände, welche durch Diebstahl oder
Raub in den Besitz des Verkäufers gelangten, können in
der Regel nicht ein Kaufsobject bilden (דבר שאינו שלו אינו
יכול להקנות).[4]) Doch ist zu unterscheiden zwischen beweglichen und unbeweglichen Sachen. Nach dem Rechtssatz[5])
קרקע אינה נגזלת „Grundstücke können nicht geraubt werden", d. h. sie bleiben zu jeder Zeit und unter allen Umständen Eigenthum des Beraubten und müssen in natura

---

[1]) Baba Bathra 147b; Maim. Mechira c. 22, §§. 13, 14; Ch. M.
c. 202, §. 1.

[2]) Maim. Mechira c. 21, §. 3. (Siehe Maggid Mischna, der als
Quelle dieses Erfordernisses das Buch: Hamekach Umcmkar von Rabbi
Hai Gaon anführt. Demnach wäre dies eine Gaongische Bestimmung)
Ch. M. c. 209, §. 2.

[3]) Baba Bathra 95b, Maim. a. a. O. §. 1, 2; Ch. M. a. a. O. §. 1.

[4]) Baba Kamma 115a; Maim. Geneba c. 5, §. 2; Gesela c. 2,
§. 4; Ch. M. c. 356, §. 2, c. 362, §. 2.

[5]) Sukka 30b; Ch. M. 371, §. 1.

ihm wieder zurückgestellt werden, ist der Kauf selbst dann ungiltig, wenn der Kaufvertrag abgeschlossen wurde, als der rechtmässige Eigenthümer alle Hoffnung auf die Wiedererlangung des Besitzes bereits aufgegeben hatte (יאוש ושינוי רשות), der Käufer muss das Object dem rechtlichen Eigenthümer zurückstellen und kann den Kaufpreis vom Verkäufer zurückfordern.[1])

Hat der Käufer in der Zwischenzeit die Früchte des Grundstückes genossen, so muss er den Werth der Früchte dem Beraubten zahlen und hat nur dann an den Verkäufer Anspruch auf Ersatz, wenn er darüber in Unkenntniss war, dass das Object durch Raub in den Besitz des Verkäufers gelangt war; widrigenfalls hat er den Verlust zu tragen.[2])

Machte der Käufer zur Verbesserung des Objects Auslagen, so erhält er, in dem Falle, dass die Investitur weniger beträgt als die dadurch gewonnene Verbesserung (השבח יתר על היציאה) bloss die Auslagen von dem Beraubten, den Rest der Verbesserung kann er vom Verkäufer fordern, und zwar nur dann, wenn er nicht gewusst hat, dass das Object nicht Eigenthum des Verkäufers war; übersteigen aber die Auslagen den Werth der Verbesserung (היציאה יתירה על השבח), so erhält der Käufer vom Beraubten bloss den Werth der Verbesserung vergütet, den Verlust der Mehrauslagen muss er tragen, ohne Unterschied ob er vom Raube Kenntniss hatte oder nicht.[3]) Ist aber das geraubte oder gestohlene Object ein bewegliches, so ist der Kauf ungültig, wenn der Verkäufer mit dem Objecte keine oder bloss eine solche Veränderung vorgenommen hat, dass der Gegenstand wieder in seinen früheren Zustand versetzt werden kann[4]) (שינוי מעשה החוזר לברייתו), und wenn der Eigenthümer die Hoffnung, wieder in den Besitz seiner Sache zu gelangen, vor dem Verkauf nicht aufge-

---

[1]) Baba Mezia 15b; Maim. Gesela c. 9, §. 9; Ch. M. c. 371, §. 1.

[2]) Maim. Gesela c. 9, §. 8. (Siehe Maggid Mischna) Ch. M. c. 373, §. 2.

[3]) Baba Mezia 14b, 15a; Maim. a. a. O. §§. 6, 7; Ch. M. a. a. O. §. 1. Siehe Glosso des R. M. Isserls und Sifse Kohen 7.

[4]) Baba Kamma 66a, 94a ff.; Maim. Geneba c. 1, §§. 12, 13; Gesela c. 2, §§. 1, 10; Ch. M. c. 353, §. 1, c. 360, §§. 5, 6.

79

geben hat (יאוש); nach der Strenge des Rechtsgesetzes, müsste der Käufer das Object dem rechtmässigen Eigenthümer zurückgeben, ohne einen Anspruch auf Vergütung des Kaufpreises an ihn erheben zu können; er kann dann bloss vom Verkäufer den Kaufpreis zurückfordern.[1]) Diese Strenge wurde jedoch, damit der Käufer, wenn ihm die Provenienz der Sache unbekannt war, nicht unschuldiger Weise zu Schaden komme, durch die Verordnung gemildert, dass der Eigenthümer dem Käufer den Kaufpreis zu ersetzen und diesen dann vom Verkäufer zurück zu fordern hat. (תקנת השוק,[2])

Diese Institution findet jedoch nur dann Anwendung, wenn der Käufer von dem Diebstahl keine Kenntnis hatte und wenn der Verkäufer nicht allgemein als Dieb bekannt ist (גנב שאינו מפורסים); widrigenfalls findet diese Rechtswohlthat nicht statt und muss der Käufer dem Eigenthümer sein Gut ohne Vergütung ausfolgen.[3])

Hat aber der Dieb das gestohlene Gut in einer Weise umgestaltet, dass es nicht wieder in seinen früheren Zustand versetzt werden kann (שינוי מעשה שאינו חוזר לברייתו), oder hatte der Eigenthümer noch vor dem Verkauf alle Hoffnung auf Wiedererlangung seines Eigenthums aufgegeben und diese Hoffnungslosigkeit auch geäussert (יאוש), und war sodann durch den Verkauf die Veränderung des Besitzes hinzu gekommen (שינוי רשות),[4]) so hat der Käufer dadurch das Eigenthumsrecht erworben, gleich als ob die Sache zur Zeit des Kaufes herrenlos gewesen wäre (הפקר), darum braucht er nicht die Sache selbst, sondern bloss deren Werth dem Eigenthümer zu ersetzen, und zwar dann, wenn der Verkäufer als Dieb bekannt ist, sonst findet wieder die Rechtswohltat תקנת השוק

---

1) Baba Kamma 66ᵃ; (Siehe Tosafot A. s. v. אמר) und 114ᵃ; Maim. Gesela c. 2, §. 3. (Nach Maim. gilt יאוש, wenn er selbst nach dem Eintritt des שינוי רשות also nach dem Verkauf geschieht); Ch. M. c. 353 und 361.

2) Baba Kamma 115ᵃ; Maim. Geneba c. 5, §. 2; Ch. M. 356, §. 2.

3) Baba Kamma a. a. O.; Maim. und Ch. M. a. a. O. Siehe R. Ascher Baba Kamma zur Stelle.

4) So ist die Ansicht der meisten Decisoren und die des R. M. Jsserls Gl. zu Ch. M. c. 356, §. 3. (Siehe Maim. Geneba c. 5, §. 3 und oben Anmerkung 1).

Anwendung und der Käufer kann den früheren Eigenthümer mit der Geldersetzung an den Verkäufer verweisen.

Anmerkung. Nach römischem Recht kann eine gestohlene Sache, deren Furtivität dem Käufer unbekannt ist, Gegenstand eines giltigen Kaufvertrags sein. (Baron, Pandekten §. 286, I, 3.)

III. Capitel. Auflösung des Kaufvertrags.

§. 76.

Durch Irrthum.

Der Verkäufer ist verpflichtet, dem Käufer das Kaufobject in derselben Gattung und derselben Qualität zu übergeben, wie es vereinbart worden war; wurde jedoch eine andere Gattung als die verabredete geliefert, (z. B. der Verkäufer gibt irrthümlicher Weise anstatt eines goldenen Rings einen silbernen, der bloss vergoldet ist; anstatt Wein, Essig u. dgl. m.) so steht es einem Jeden der Contrahenten frei, den Vertrag aufzulösen und den Kauf als ungiltig zu erklären (מקח טעות), weil das Kaufobject mit dem der Leistung bezüglich der Gattung nicht übereinstimmt.[1]) Wurde aber die verabredete Gattung in anderer als in der besprochenen Qualität geleistet, dann ist bloss jener Contrahent berechtigt, den Vertrag aufzulösen, zu dessen Nachtheil der Irrthum geschehen ist; z. B. Jemand kauft Weizen guter Qualität und der Verkäufer liefert ihm Weizen schlechter Qualität (מכר לו חטים יפות ונמצאו רעות), so steht es dem Käufer, nicht aber dem Verkäufer frei, den Kauf als מקח טעות rückgängig zu machen. Wenn hingegen anstatt leichter Frucht irrthümlich schwere geliefert wurde (מכר לו רעות ונמצאו יפות), dann steht das Recht der Auflösung dem Verkäufer, nicht aber dem Käufer zu.[2])

Anmerkung. Nach römischem Recht kann, nach der Ansicht der späteren classischen Juristen, durch den Irrthum in der Qualität der Kauf nicht aufgelöst werden. Man hat daraus die Regel abgeleitet, dass der Irrthum über den Stoff einer Sache (sog. error in substantia) ein wesentlicher, den

---

1) Baba Bathra 83ᵇ; Maim. Mechira c. 17, §. 2; Ch. M. c. 233, §. 1.
2) Baba Bathra a. a. O.; Maim. a. a. O. §. 1; Ch. M. a. a. O.

Vertrag vernichtender sei, während der Irrthum über andere
Eigenschaften (sog. error in bonitate) die Giltigkeit des Vertrages nicht beeinflusse. Richtiger und den Quellenbeispielen
conformer geht die jetzt herrschende Ansicht dahin, dass der
Vertrag nur dann nichtig ist, wenn einer der Contrahenten
den Kaufgegenstand vermöge einer irrig vorausgesetzten
Eigenschaft zu einer anderen Art von Sachen nach den Ver-
kehrsbegriffen rechnete, als wozu er wirklich gehört. Die
Nichtigkeit des Vertrages aus diesem Grunde kann nur von
dem geltend gemacht werden, der durch den Irrthum in
Nachtheil versetzt ist. (Baron, Pandekten §. 286 III, 1.)

§. 77.

D u r c h   F e h l e r.

Pflicht des Verkäufers ist es, dafür Sorge zu tragen,
dass das Kaufobject alle zugesicherten Eigenschaften besitze
und mit keinem Fehler behaftet sei.

Die Fehler einer Sache können sein: äussere, sichtbare
oder verborgene, unsichtbare. Leidet das Kaufobject an äusseren, sichtbaren Fehlern (נמצאו בו מומי׳ שבגלוי), dann ist der
Kauf giltig, da der Käufer den Fehler wahrgenommen und
dennoch den Vertrag geschlossen, mithin den Fehler als kein
Hinderniss betrachtet hat. Anders ist es aber bei verborgenen,
unsichtbaren Fehlern (מומין שבסתר), von denen der Käufer
keine Kenntniss hatte, sie machen daher den Kauf ungiltig
(ה״ז מקח טעות) und selbst wenn der Verkäufer zur Leistung
des Schadenersatzes sich bereit erklärt, oder wenn der Käufer
diesen Antrag stellt, kann die Gegenpartei ihre Einwendung
erheben und den Vertrag als nichtig (בטל) erklären.[1]

Ausnahmen hievon sind:

1. Wenn der Käufer beim Abschlusse des Vertrages
von dem Fehler und Gebrechen des Gegenstandes durch den
Verkäufer in Kenntniss gesetzt wurde.

2. Wenn der Käufer beim Abschlusse des Kaufs die
Erklärung abgegeben hat, dass er ein jedes Gebrechen,
welches den Werth des Gegenstandes um einen genau bestimmten Betrag vermindert, mit in Kauf nehme.[2]

---

[1] Maim. Mechira c. 15, §§. 3, 4; Ch. M. c. 232, §§. 3, 4.
[2] Maim. a. a. O. §. 6; Ch. M. §. 7.

3. Wenn der Käufer, nachdem er von dem Fehler er-
fahren, den Gegenstand benützt hat,[1]) und endlich

4., wenn der Käufer Zeit und Gelegenheit hatte, das Kaufsobject bezüglich seiner Makellosigkeit genau zu untersuchen,
dieses jedoch unterlassen hat;[2]) in allen diesen Fällen
ist der Vertrag giltig.

Bezüglich der Beschaffenheit des den Vertrag auflösen-
den Fehlers ist, wenn nicht ausdrücklich darüber eine Verabredung gepflogen wurde, der kaufmännische Usus des betreffenden Ortes massgebend.[3])

Anmerkung. Nach dem alten römischen Civilrecht
steht der Verkäufer für Fehler und Mängel in zwei Fällen
ein: 1) wenn er das Einstehen besonders übernommen hat;
2) wenn er die Fehler und Mängel des Kaufgegenstandes
wissentlich verschwiegen hat (wegen seines dolus). Er muss
alsdann dem Käufer, dem zur gerichtlichen Geltendmachung
seines Anspruches die actio emti zusteht, das Interesse ersetzen, auch sich die Aufhebung des Kaufvertrages gefallen
lassen, wenn das Interesse des Käufers es verlangt. .

In Erwägung der Austauschnatur des Kaufvertrages
erweiterte das Edict der curulischen Aedilen, welche in
Handelssachen die Gerichtsbarkeit hatten, die Haftung des
Verkäufers über die erwähnten beiden Fälle hinaus.

Danach steht der Verkäufer ohne Rücksicht auf beson-
dere Garantie und auf wissentliches Verschweigen in der
Regel für alle körperlichen Fehler und Mängel ein (bei
Sklaven auch für einige geistige); er haftet alsdann aber
nicht auf das Interesse, sondern es wird nach Wahl des
Käufers entweder der Kauf rückgängig gemacht oder der
Kaufpreis gemindert. Nach dem geltenden Recht steht dem
Käufer der Verkäufer für alle Fehler und Mängel der Sache
ein, welche bereits im Augenblicke des Vertragsschlusses
vorhanden sind, mag er ihre Abwesenheit besonders versprechen oder nicht, mag er sie wissentlich verschweigen
oder nicht, nur dann steht er nicht dafür ein, wenn er sie

---

1) Maim. a. a. O. §. 3; Ch. M. a. a. O. §. 3. Vergl. Kethubot 75.
2) Maggid Mischna a. a. O. §. 3; Meirath Enajim Ch. M. c. 232,
Gl. 10.
3) Maim. Mechira c. 15, §. 5; Ch. M. c. 232, §. 6.

dem Käufer anzeigt, ferner nicht, wenn der Käufer sie kennt
oder kennen muss, weil sie in die Augen fallend sind; ferner
nicht, wenn sie so unbedeutend sind, dass sie den Werth
und die Brauchbarkeit der Sache nicht mindern. Ebenso
steht der Verkäufer für das Fehlen besonderer Vorzüge der
Sache ein, welche er zusagt. (Wohl zu unterscheiden von allgemeinen Anpreisungen der Sache durch den Verkäufer). In
den Fällen des besonderen Versprechens und des wissent-
lichen Verschweigens gelten die Grundsätze des alten Civilrechts, daher dauert die Haftung des Verkäufers 30 Jahre;
auch haftet er auf das Interesse (also z. B. nicht bloss auf
den über den Werth gezahlten Preis des kranken Holzes,
sondern zugleich auf den Werth des Hauses, welches aus
dem kranken Holze errichtet wurde und einstürzte); falls
das Interesse des Käufers es verlangt, muss der Kauf aufgehoben werden.

In den übrigen Fällen gelten die Grundsätze des aedi-
cilischen Edicts, daher der Käufer keine Forderung auf's
Interesse sondern bloss die Wahl hat, ob er die Aufhebung des
Kaufes oder die Minderung des Kaufpreises verlangen will.
(Baron, Pandekten §. 289, I.)

§. 78.
Fehler bei Sklaven.

Ist der Kaufgegenstand ein Sklave, so heben Fehler,
die den Sklaven in der Arbeit nicht hindern, den Vertrag
selbst dann nicht auf, wenn dieselben auf Stellen des Körpers
sich befinden, wo der Käufer sie nicht sehen konnte[1]
(סמפון בעבדים ליכא). Sind es aber Gebrechen, die Ekel erregen
oder überhaupt solche, die den Sklaven zu mancher Arbeit
unfähig machen oder Krankheiten die ihn entkräften u. dgl.;
dann ist der Kauf nichtig.[2]

Anmerkung. Nach römischem Recht haftet der Verkäufer von Sklaven selbst für einige geistige Mängel. (Baron,
Pandekten §. 188, III.)

---

[1]) Kiduschin 11ᵃ; Maim. Mechira c. 14, §. 12; Ch. M. c.
232, §. 10.

[2]) Kiduschin a. a. O.; Baba Mezia 80ᵃ; Siehe Tosafoth s. v.
שפחה; Maim. Mechira c. 13; vergl. Maggid Mischna z. St. Ch. M. c.
232, §. 10.

§. 79.

Durch Uebervortheilung.

Wenn der eine Contrahent die Unkenntniss des anderen benützt und den Kaufpreis im Verhältniss zu dem reellen Werth des Gegenstandes zu hoch oder zu niedrig festsetzt, so ist dies eine Uebervortheilung (אונאה) und kann in bestimmten Fällen den Kauf ungiltig machen. Die Uebervortheilung ist zum Nachtheile des Käufers, wenn der Kaufpreis zu hoch, und zum Nachtheile des Verkäufers, wenn er zu niedrig bestimmt wird. In beiden Fällen ist zu unterscheiden, ob das Kaufsobject ein bewegliches oder ein unbewegliches ist.

I. Ist das Kaufsobject ein bewegliches und beträgt die Uebervortheilung weniger als ein Sechstel des reellen Werthes, so ist der Kauf giltig, und wer immer von den beiden Contrahenten der benachtheiligte ist, hat keinen Anspruch auf Vergütung, weil vorausgesetzt wird, dass eine so unbedeutende Differenz von beiden Theilen einander nachgesehen wird. (פחות משתות קנה מקח ואינו מחזיר אונאה)[1]

Beträgt aber die Uebervortheilung ein Sechstel des reellen Werthes, (z. B. eine Sache deren reeller Werth 60 fl. ist, wird um 50 fl. oder um 70 fl. verkauft), dann ist der Kauf wohl noch immer giltig, jedoch muss der Bevorzugte dem Benachtheiligten den ganzen Betrag der Uebervortheilung vergüten. (שתות קנה ומחזיר אונאה)[2]

Wenn aber die Uebervortheilung den sechsten Theil des reellen Werthes übersteigt, dann steht es dem Beschädigten frei, den Kauf gänzlich aufzulösen; ob jedoch, wenn der Beschädigte mit der Vergütung der Uebervortheilung sich zufrieden stellt und den Vertrag aufrecht erhalten will, der Begünstigte den Kauf aufzuheben berechtigt sei, darüber sind die Meinungen getheilt[3] (יותר על שתות בטל מקח).

Bezüglich der Zeit, bis zu welcher die Auflösung des

---

[1] Baba Mezia 50ᵇ; Kidduschin 42ᵇ; Maim. Mechira c. 12, §. 3. (ושכל פחות משתות דרך הכל למחול בו); Ch. M. c. 227, §. 3.

[2] Baba Mezia und Kidduschin a. a. O.; vergl. Baba Mezia 49ᵇ; Maim. a. a. O. §. 2; Ch. M. a. a. O. §. 2.

[3] Baba Mezia a. a. O.; Kidduschin a. a. O.; Maim. a. a. O. §. 4; Ch. M. a. a. O. §. 4.

Vertrages von dem Benachtheiligten gefordert werden kann, ist zu unterscheiden, ob der Käufer oder der Verkäufer der Uebervortheilte ist. Dem Käufer bleibt das Recht der Ersatzforderung resp. der Vertragsauflösung bloss innerhalb jener Zeit, in welcher es ihm möglich wird, das Object seinen Freunden oder anderen verständigen Kaufleuten zu zeigen und über den eigentlichen Werth desselben Erkundigung einzuholen (כדי שיראה לתגר או לקרוביו), da er doch den Gegenstand besitzt; wenn hingegen der Verkäufer der Benachtheiligte ist, so kann er zu jeder Zeit Vergütung fordern resp. den Vertrag auflösen, weil er das Object nicht in Händen hat, um über den reellen Werth Erkundigung einholen zu können.[1])

§. 80.

Fortsetzung.

II. Ist das Kaufobject ein unbewegliches Gut, so findet das Gesetz der Uebervortheilnng keine Anwendung[2]) (אין אונאה לקרקעות), der Bevorzugte ist nicht verpflichtet, Ersatz zu leisten und der Benachtheiligte nicht berechtigt, den Vertrag aufzulösen.[3]) Sklaven und Schuldscheine sind bezüglich der Uebervortheilung den Immobilien gleich.[4]) Endlich ist in Beziehung der Uebervortheilung die Miethe dem Kaufe gleich (שכירות ליומא ממכר היא) „Für die Zeit der Miethe ist dieselbe wie ein Kauf".[5])

---

[1]) Baba Mezia 49ᵇ, 50ᵇ; Maim. Mechira c. 12, §§. 5, 6 ; Ch. M. c. 227, §§. 7, 8.

[2]) Baba Mezia 56ᵃ; Maim. Mechira c. 13, §. 8 ; Ch. M. c. 227, §. 29.

[3]) Baba Mezia 57ᵃ sind die Meinungen getheilt, ob wenn die Uebervortheilung die Hälfte des Werthes erreicht, der Vertrag aufgelöst werden kann אונאה אין להן בטול מקח יש להן; Maim. a. a. O. lässt selbst in diesem Falle eine Auflösung des Vertrages nicht zu ביטול מקח נמי אין להן. R. Tam hingegen ist der Ansicht, dass einer Auflösung des Vertrages stattzugeben sei (וביטול מקח יש להן. Siehe Tosafoth Baba Mezia 57ᵃ s. v. אמר. Ch. M. c. 227, §. 29 werden beide Ansichten angeführt. Siehe Sifse Kohen Gl. 17.

[4]) Baba Mezia 56ᵃ; Maim. u. Ch. M. a. a. O.

[5]) Baba Mezia 56ᵇ; Maim. a. a. O. c. 13, §. 14 ff.; Ch. M. c. 227, §§. 33—37.

IV. Capitel. Der Tausch.

§. 81.

Begriff.

Der Tausch ist der Verkauf einer Sache gegen die Leistung einer anderen; er ist eigentlich ein Kauf, nur mit dem Unterschiede, dass während bei dem gewöhnlichen Kaufe die Leistung in Geld besteht, sie beim Tausche durch eine Sache geschieht. Beim Kaufe ist nur einer der Contrahenten Käufer, beim Tausche hingegen erscheinen beide als Käufer und Verkäufer zugleich. Daraus folgt, dass, obwohl beim Kaufe mit der Zahlung des Kaufpreises bei Mobilien nach talmudischem Recht der Vertrag nicht als abgeschlossen betrachtet wird, insolange der Käufer nicht den Zueignungsact des Ansichziehens (u. dgl. קנין) gemacht hat, beim Tausche sobald der Eine den betreffenden Gegenstand durch's Ansichziehen (משיכה) sich zugeeignet hat, der Andere sofort das Eigenthumsrecht an dem Tauschgegenstand erworben hat und der Vertrag somit rechtskräftig abgeschlossen ist und zwar selbst in dem Falle, wenn der eigentliche Verkäufer beim Abschlusse des Tauschgeschäftes den Werth des Tauschobjectes genau berechnet und dasselbe an Geldes statt übernimmt. (כל המטלטלי׳ קוני׳ זה את זה החליף פרה בחמור ביון שמשך בעל הפרה את החמור נקנית פרתו לבעל החמור בכל מקום שהוא (ואין אחד מהם יכול לחזור בו).[1]

Auch wenn bewegliche Sachen gegen unbewegliche eingetauscht werden, oder umgekehrt, findet dieses Gesetz Anwendung.[2]

Auch bezüglich der Uebervortheilung unterscheidet sich der Tausch vom Kaufe, dass beim Tausche der Benachtheiligte weder den Vertrag zu annulliren, noch einen Ersatz zu beanspruchen berechtigt ist.[3]

---

[1] Baba Mezia 44ᵃ ff.; Kidduschin 28ᵃ; Maim. Mechira c. 5, §. 1; Ch. M c. 203. Ueber Gegenstände, die diesbezüglich eine Ausnahme bilden, siehe d. a. Quellen.

[2] Resp. des R. S. ben Aderet Resp. 1226; Ch. M. c. 203, §. 10.

[3] Maim. Mechira c. 13, §. 1; Ch. M. c. 227, §. 20. Nach der Ansicht des Ramban und R. Abraham b. David ist bezüglich der Uebervortheilung kein Unterschied zwischen Kauf und Tausch (vergl. Maggid Mischna a. a. O.) Bestand das Tauschobject in Früchten, so sind selbst nach Maim. Tausch und Verkauf einander gleich (a. a. O.)

Uebrigens ist der Tausch gleich dem Kaufe ein dinglicher Vertrag und zwar ein gegenseitiger, da doch mit dem
Abschluss des Tauschgeschäftes das Eigenthumsrecht der
Tauschobjecte von dem Einen an den Anderen übertragen wird.

V. Capitel. Die Schenkung,

§. 82.

Begriff und Arten.

Die Schenkung ist eine unentgeltliche, freiwillige Uebergabe einer Sache an einen Anderen, wodurch im Vermögen
des Gebers (נותן, donator) eine Verminderung und in dem
des Empfängers (מקבל מתנה sog. Donatarius) eine Vermehrung entsteht. Die Schenkung kann sowohl unter Lebenden
(מתנת בריא) als von Todeswegen (מצוה מחמת מתנת שכיב מרע,
מיתה) erfolgen. Die letztere gehört in das Erbrecht.

§. 83.

Der Schenkungsvertrag.

Die Schenkung unterscheidet sich vom Kauf und Tausch
dadurch, dass während der Käufer zu einer Gegenleistung
sich verpflichtet, der Vertrag daher ein gegenseitiger ist,
es in dem Wesen der Schenkung liegt, dass der Beschenkte
keine Leistung zu machen hat. Wohl behauptet der Talmud:
מתנה כמכר אי לאו דהוי ליה הנאה מיני' לא הוי יהיב לי')[1]) „die
Schenkung gleicht aus dem Grunde dem Kaufe, weil gewöhnlich Geschenke als Dank für erwiesene Freundschafts-
dienste gemacht werden", allein die Schenkung bedingt
doch keine zu erfolgende Gegenleistung, daher ist der Vertrag ein einseitiger. Uebrigens gleicht die Schenkung dem
Kaufe darin, dass auch der Schenkungsvertrag erst dann
perfect ist, wenn der Beschenkte einen der beim Kaufe angegebenen Zueignungsacte vollzogen hat.[2]) Dieser Zueig-

---

[1]) Megilla 26ᵇ; Baba Mezia 16ᵃ; Maim. Gesela c. 9, §. 13;
Tefila c. 11, §. 20; Ch. M. c. 374, §. 4; Orach Chajim c. 153, §. 11.

[2]) Maim. Sechia c. 3, §. 1; Ch. M. c. 241. Eine Schenkung
jedoch, die der Gläubiger dem Schuldner damit macht, dass er ihm die
Schuld erlässt, oder überhaupt מחילה, erfordert nicht den Zueignungsact,
da der Beschenkte ohnedies im Besitz des Objectes ist מחילה א'צ קנין
Maim. a. a. O. §. 2; Ch. M. a. a. O. §. 2.

88

nungact kann jedoch durch einen Dritten zu Gunsten des Beschenkten vollzogen werden (זכין לאדם שלא בפניו)[1]; jedoch muss der Beschenkte nachher davon verständiget werden und steht es ihm frei, das Geschenk zurückzuweisen.[2)

§. 84.
Objecte der Schenkung.

Objecte, welche unzulässig sind, Gegenstände des Kaufvertrags zu bilden, können auch nicht verschenkt werden; bemerkt muss werden, dass eine durch einen Dritten vermittelte Schenkung nur dann rechtlich giltig ist, wenn der Beschenkte, zu dessen Gunsten der Dritte den Besitzergreifungsact vollzogen hat, zu dieser Zeit wirklich gelebt hat; einem Kinde hingegen, das noch nicht geboren ist, kann ein Geschenk nicht zugeeignet werden. (הקנה לנולדים לא קנה, אין אדם מקנה לדבר שלא בא לעולם.)[3)

§. 85.
Geheime Schenkung.

Die Schenkung darf keine geheime, verborgene (מתנה טמירתא) sein, sie muss als eine öffentliche (מתנה גלויה ומפורסמת) gemacht werden, was auch in der Schenkungsurkunde ausdrücklich bemerkt sein muss, damit sie Giltigkeit erlange.[4) Hierin unterscheidet sich die Schenkung vom Kaufe. (Ein weiterer Unterschied, u. zw. wenn der Vertrag durch physischen Zwang (אונס) geschlossen wurde, ist bereits oben §. 13, behandelt.)

§. 86.
Schenkung in Form einer Obligation.

Hat der Schenksvertrag nicht die Form eines dinglichen Geschenkes (לשון מתנה), sondern die einer persönlichen

---

[1) Gittin 11b u. a. m. O.; Maim. Sechia c. 4, §. 2; Ch. M. c. 242, §. 1.
[2) Maim. und Ch. M. a. a. O.
[3) Baba Batra 141b, 142b; Maim. Mechira c. 22, §. 10; Ch. M. c. 210, §. 1. Eine Ausnahme bildet eine Schenkung, welche Jemand während der Schwangerschaft seiner Gattin seinem zu erwartenden Kinde macht. (Baba Batra; Maim. u. Ch. M. a. a. O.
[4) Baba Batra 40b; Maim. Sechia c. 5, §§. 1, 2; Ch. M. c. 242, §. 3.

Verpflichtung zu einer Leistung (בלשון חיוב או שעבוד, Obliga-
tio) so ist selbst, wenn die Sache, die zu leisten er sich
verpflichtet, zu jener Zeit noch nicht existirte (לא בא לעולם)
oder nicht in seinem Besitze war (אינו ברשותו), dennoch der
Vertrag giltig, wenn der Beschenkte durch den Mantelgriff (קנין סודר) die Obligation bekräftigt hat und sobald
der Gegenstand Existenz erlangt hat, findet ein Rücktritt
nicht mehr statt, und zwar aus dem einfachen Grunde, weil
in erster Reihe nicht das Object sondern die Person des
Schenkers den Vertragsgegenstand bildet.[1])

Verpflichtet er sich zur Schenkung einer Sache, in
dessen Besitz er ist, so ist selbst der Mantelgriff nicht erforderlich, die blosse mündliche Verpflichtung unter bestimmten förmlichen Ausdrücken genügt schon dafür, dass
der Vertrag giltig sei.[2])

Verspricht aber Jemand einem Anderen ein Geschenk
nicht in der Form einer persönlichen Verpflichtung,
sondern mit dem Ausdruck אתן („ich werde geben"),
ja selbst wenn er dies in eine Urkunde (שטר) schreibt, hat
es keine Giltigkeit, auch wenn der Mantelgriff stattgefunden
hat; er hätte denn gesagt: (אתן מעכשיו) „ich werde es schenken
von jetzt ab".[3])

A n m e r k u n g. Nach altem römischem Recht wurden
für Schenkungen besondere Formen durch die lex cincia
von 549 u. c. eingeführt, welche Schenkungen an den plae-
direnden Sachwalter verbot, ferner Schenkungen über ein
gewisses (uns unbekanntes) Mass nur an gewisse nahever-
bundene Personen (personae exceptae), und endlich die
Schenkung an eine nicht nahe verbundene Person erst dann
für perfekt erklärte, wenn sie juristisch und zugleich thatsächlich (durch Uebergabe der geschenkten Sache) der-
artig erfüllt war, dass der Beschenkte im Besitzprocesse
siegen musste.

---

[1]) Baal Hatrumoth c. 64; Ch. M. c. 60, §. 6; vergl. c. 209.
[2]) Kethubot 101ᵇ, ff.; siehe Raschi und Thosafot 102ᵃ, s. v.
אליבא; Maim. Mechira c. 11, §§. 15, 16. Siehe Maggid Mischna z. St. über
die Ansicht des Ramban in der Interpretation der a. Talmudstelle; Ch.
M. §. 40, §. 1; vergl. Sifse Kohen c. 60, Gl. 26.
[3]) Ch. M. c. 255, §. 1.

Spuren von diesem Gesetz, welches erst in der nach-
classischen Zeit allmählich ausser Gebrauch kam, finden sich
vielfach in der Justinianischen Compilation ; an seine Stelle
trat seit Constantius Chlorus die Vorschrift der gerichtlichen
Insinuation, ursprünglich in Verbindung mit noch anderen
Förmlichkeiten (Abfassung einer Urkunde, Zuziehung von
Zeugen, Tradition der Sache), später ohne dieselben; ursprünglich für alle Schenkungen, später nur für die Schenkungen
über ein gewisses Mass hinaus, als welches Justinian zuletzt
500 Solidi festsetzte.

Schenkungen unter dieser Summe erklärte Justinian
für völlig formfrei, so dass das formlose Schenkungsver-
sprechen (pactum donationis) zu einem klagbaren wurde.
Grössere Geschenke müssen gerichtlich zu Protocoll erklärt
werden. Mehrere gleichzeitige Schenkungen seitens derselben
Person an dieselbe Person werden nicht zusammengerechnet,
ausser wenn eine einzige Schenkung beabsichtigt und die
Theilung in mehrere in fraudem legis geschehen ist. Ist die
Insinuation in einem Falle, wo sie erforderlich war, unter-
blieben, so ist die Schenkung hinsichtlich des Betrages über
500 Solidi hinaus nichtig und es entsteht daher, wenn eine
körperliche Sache geschenkt wird, Miteigenthum zwischen
dem Schenker und Beschenkten nach Verhältniss des Werthes. Doch gab es Ausnahmen, wo selbst bei Schenkungen
über 500 Solidi die gerichtliche Insinuation unterbleiben
konnte, wie z. B. bei Schenkungen zu allgemeinen oder
wohlthätigen Zwecken und Anstalten. (Baron, Pandekten
§. 69, II.)

VI. Capitel. Gesellschaftsvertrag.

§. 87.

Begriff und Arten.

Der Gesellschaftsvertrag ist ein solcher, wo zwei oder
mehrere Personen übereinkommen, ein gemeinsames erlaub-
tes Ziel mit gemeinsamen Mitteln oder auch mit den Mitteln
eines einzelnen von ihnen zu verfolgen. (שותפות, societas). Das
Ziel kann wohl ausserhalb aller Beziehung zum Vermögen
stehen (Belehrung oder Vergnügen), doch ist es grösstentheils
ein Vermögenszweck, welchen die Gesellschafter anstreben.

In keinem Falle darf dieser aber ein unerlaubter sein. (Vergl. Baron, Pandekten §. 300.) Als Vermögenszweck ist das Object der Gesellschaft entweder der gesammte durch die Einlage und durch die Thätigkeit der Gesellschafter zu erzielende Gewinn (שבח, ריוח), oder der bloss aus einem gewissen Geschäftszweige zu erreichende Nutzen. In keinem dieser Fälle genügt die blosse Vereinbarung der Contrahenten, und so lange die von den Vertragschliessenden als Stammvermögen eingelegten Werthgegenstände (Geld oder Waare) durch einen der beim Kaufe erforderlichen Zueignungsacte (§§. 65—70 קנין) nicht in das gemeinschaftliche Eigenthum übergegangen ist, können beide Theile den Vertrag annulliren und zurücktreten. Aus diesem Grunde ist, wenn die Einlage in Geld geleistet wird, der Vertrag erst dann rechtlich abgeschlossen, wenn die Einlage der Gesellschafter in einen Beutel oder in ein sonstiges Geräth gelegt wurde und ein jeder der Contrahenten den Beutel mit dem Gelde emporhebt (קנין הגבהה) weil der Mantelgriff (קפ׳ם) bei Geld keinen rechtlichen Zueignungsact bildet[1]) (מטבע אין נקנה בחליפין).

Doch genügt es auch, wenn ein jeder Gesellschafter die Einlagen des Anderen empor hebt,[2]) oder (nach der Ansicht Einiger) wenn das Geld zusammen geschossen wurde und die Gesellschafter mit dem Gelde aus der gemeinsamen Casse das Geschäft bereits begonnen haben.[3])

§. 88.

Gesellschaftsvertrag zwischen Handwerkern.

Sind die Contrahenten Handwerker, welche dahin übereinkommen, dass sie ihr Handwerk gemeinschaftlich betreiben werden, so hat der Vertrag nur dann Rechtskraft, wenn das Uebereinkommen so getroffen wurde, dass die contrahirenden Handwerker die Rohstoffe vom gemeinschaftlichen Gelde einkaufen und diese dann für den Gesellschaftszweck bearbeiten sollen (z. B. der Schneider die Kleider, der Weber das Gewebe u. dgl. m.). Wenn hingegen die Contrahenten bloss vereinbaren, dass der Gewinn, den ihre Arbeit abwerfen

---

1) Maim. Scheluchim Weschuttfim c. 4, §. 1; Ch. M. c. 176, §. 1.
2) Tur Ch. M. c. 176; Kesef Mischna a. a. O.; Ch. M a. a O.
3) Tur a. a. O.; Ch. M. a. a. O.

92

werde, gemeinschaftlich zu theilen sei, so ist der Vertrag
nichtig, weil der Lohn der Arbeit zur Zeit der Vereinbarung
noch nicht existirte (דבר שלא בא לעולם), was (§. 71) nicht
Gegenstand des Eigenthumsübertragung sein kann.[1])

§. 89.

Geldeinlagen.

Die Contrahenten können die Höhe der Geldeinlage
eines jeden Gesellschafters bestimmen ; in der Regel haben
jedoch alle gleich hohe Beiträge zu leisten und zwar so viel,
als der Gesellschaftszweck erfordert. Sowohl bei gleich grossen
Einlagen als bei solchen von verschiedener Höhe haben die
Contrahenten, so es nicht anders verabredet wurde, gleichen
Antheil an dem Gewinn und müssen sie auch zu gleichen Theilen den Verlust tragen.[2]) Ausnahmen finden in den folgenden Fällen statt :

1. Wenn die Geldeinlage im Geschäfte noch nicht
verwendet wurde und der Geldwerth inzwischen durch ein
Landesgesetz erhöht oder verringert wurde, in diesem Falle
werden Gewinn und Verlust nach dem Verhältniss der Einlage und nicht nach dem der Gesellschaftstheilnehmer berechnet.[3])

---

[1]) Maim. Scheluchim Weschutfim c. 4, §. 2 ; Ch. M. c. 176, §. 3.
Nach Ansicht des R. Abraham b. David (ראב"ד) (zur Stelle) wäre der
Gesellschaftsvertrag zwischen Handwerkern mehr eine persönliche Obligation gleich dem Miethvertrag, so dass ein jeder der Gesellschafter
dem Anderen zur Arbeitsleistung sich verpflichtet, daher wäre nach
einer Ansicht der Vertrag mit Mantelgriff (קנין), nach einer andern selbst
ohne diesen rechtlich giltig. Bezüglich des Rücktritts behaupten Einige,
dass, ebenso wie der Taglöhner bei der Miethe zu jeder Zeit das Dienstverhältniss auflösen kann (פועל יכול לחזור אפי' בחצי היום), auch der
Gesellschafter zurück zu treten berechtigt sei. Andere sind aber der
Ansicht, dass bei den Gesellschaftern innerhalb der festgesetzten Zeit
ein Rücktritt nicht stattfinden kann. Siehe Ausführliches hierüber Beth
Josef Ch. M. c. 176 und Schulchan Aruch das.

[2]) Kethubot 93ᵃ; Maim. Schutfim c. 5, §. 3 ; Ch. M. c. 176,
§. 5. Wenn jedoch der Verlust den ganzen eingelegten Betrag betraf,
ist der, welcher einen kleineren Betrag eingelegt hat, nicht verpflichtet,
die Summe des Verlustes, die ihn treffen sollte, aus seinem Privatver-
mögen soweit zu ergänzen, dass er die Hälfte des ganzen Verlustes
trage. (Tur und Schulchan Aruch Ch. M. c. 176, §. 6.)

[3]) Kethubot 93ᵇ; Maim. u Ch. M. a. a. O.

2. Ist der Verlust daraus entstanden, dass ein Theil des Gesellschaftsvermögens gestohlen wurde, oder verloren ging (נגנבה ואבדה), so ist der Verlust ebenfalls nach dem Verhältnisse der Einlage und nicht nach dem der Einleger zu berechnen.[1]

3. War die für die Auflösung des Gesellschaftsverhältnisses festgesetzte Zeit schon abgelaufen, ohne dass jedoch die Theilung des Gesellschaftsvermögens vorgenommen wurde, und ist inzwischen ein Gewinn erzielt worden, so participiren die Gesellschafter an diesem Gewinn im Verhältniss ihrer Einlagen.[2]

§. 90.
Aus Waaren oder sonstigen Gegenständen bestehende Einlagen.

Besteht die Einlage der Gesellschafter nicht aus Geld sondern aus Waaren oder anderen Objecten und haben die Contrahenten deren Werth in Geld berechnet, das als Stammcapital gelten soll, so findet im Falle der Uebervortheilung des Einen oder des Anderen das beim Kauf geltende Gesetz der Vergütung (oben §. 79) Anwendung.

Erfolgte aber die Einlage ohne vorherige Werthberechnung, und wurde sie dann verkauft und mit deren Erlös das Gesellschafts-Geschäft betrieben, so ist bei der Abrechnung vor Allem einem jeden der Gesellschafter der Werth seiner Einlage festzusetzen und sodann Gewinn und Verlust zwischen ihnen in gleichen Theilen zu vertheilen resp. von dem Werth der Einlage abzuziehen.[3]

§. 91.
Die Einlage nur eines Gesellschafters.

Besteht das Gesellschaftsvermögen in der Einlage nur des einen der Gesellschafter so sind zwei Fälle zu unterscheiden:

1. Wenn die Geschäftsführung beiden Theilen obliegt und

---

[1] Tur und Schulchan Aruch Ch. M. a. a. O. §. 7; vergl. Sifse Kohen Gl. 15.

[2] Rabbi Meir Halevi; Ch. M. a. a. O. §. 6.

[3] Maim. Schutfim c. 5, §. 6; Ch. M. c. 176, §. 4.

2. wenn bloss jener Theil, der keine Einlage gemacht, die Obliegenheit hat, das Geschäft zu führen.

Im ersten Falle ist Gewinn und Verlust so wie bei der Einlage beider Theile zur Hälfte zu berechnen, es wäre denn eine andere Vereinbarung getroffen worden. Anders ist es aber, wenn jener Gesellschafter, der keine Einlage gemacht hat, die ganze Geschäftsführung allein übernommen hat; diese Bestimmung ändert sowohl den Namen als auch das Wesen des Vertrages. Es ist nicht mehr ein Gesellschaftsvertrag (שטר שותפות), sondern ein Geschäfts-Handelsvertrag (שטר עיסקא); die Einlage wird betrachtet, als ob sie der Einleger dem geschäftführenden Gesellschafter zur Hälfte als Darlehen und zur Hälfte in Verwahrung gegeben hätte. (האי עסקא פלגא מלוה ופלגא פקדון)[1]. Für die Hälfte, die ein Darlehen bildet, haftet der Empfänger selbst dann, wenn sie durch ein unabwendbares Unglück in Verlust geräth (so wie bei jedem anderen Darlehen) (חייב באונסי), für den anderen Theil hingegen übernimmt er bloss die Haftung wie ein Jeder, der eine fremde Sache unentgeltlich in Verwahrung nimmt (שומר חנם) und ist selbst für jenen Verlust, der durch Diebstahl oder Verlieren entstanden ist, nicht verantwortlich (פטור בגנבה ואבדה).[2]

Würden in diesem Falle an dem im Geschäfte erzielten Gewinn oder erlittenen Verlust der Einleger und der Geschäftsführer zu gleichen Theilen participiren, so wäre dies nicht anders aufzufassen, als ob der Geschäftsführer auch jene Hälfte der Einlage, die er bloss in Verwahrung genommen, darum im Geschäfte verwenden würde, um den Einleger für die andere Hälfte, die er als Darlehen gegeben, zu entlohnen; es wäre also, als gebe er ihm Zinsen für das

---

[1]) Baba Mezia 104ᵇ, 68ᵇ ff. u. a. O.; Schaare Rab Alfes, Sefer Mizwoth Gadol 82; Jore Dea c. 177, §. 3. Nach der Ansicht Maimunis, Schutfim c. 6, §. 1, ist selbst, wenn die Einlage von beiden Theilen geleistet wurde, die Obliegenheit der Geschäftsführung jedoch bloss der Eine übernommen hat, bezüglich der Einlage des Anderen der Vertrag ein Geschäftsvertrag (שטר עסקא) und somit פלנא מלוה ופלנא פקדון. Siehe Beth Josef, Jore Deah c. 177.

[2]) Maim. Schutfim c. 6, §. 2. Nach der Ansicht des R. Abraham b. David gleicht er dem, welcher gegen Belohnung eine Sache bewahrt (שומר שכר) und haftet er für Diebstahl und Verlieren. (חייב בגנבה ואבדה)

Darlehen (רביה), der Vertrag wäre demnach ein solcher, der zu einem unerlaubten Zweck geschlossen wird, was unstatthaft ist; aus diesem Grunde muss nach talm. Recht die Vereinbarung getroffen werden, dass der Geschäftsführer für seine Bemühung zu Gunsten des Anderen nebst dem halben Gewinn noch von dem Gewinnste, der auf jenen Theil der Einlage, welcher als in Verwahrung gegeben betrachtet wird, entfällt, ein Drittel erhalten solle, so dass er drei Sechstel des ganzen Gewinnes und ein Drittel des halben Gewinnes d. h. ein Sechstel des ganzen, mithin $^4/_6 = ^2/_3$ und der Einleger bloss $^1/_3$ des Gesammtgewinnstes erhalte.

Das entgegengesetzte Verhältniss hat nach Ansicht Maimunis[1]) auch bezüglich des Verlustes stattzufinden, dass nämlich der Einleger $^2/_3$ und der Geschäftsführer blos $^1/_3$ zu tragen habe, und zwar aus dem Grunde, weil dem Letzteren $^1/_6$ des angestrebten Gewinnes als Belohnung für seine Bemühung zu vergüten ist, welches von dem auf seinen Theil entfallenden Verlust von $^3/_6$ in Abschlag zu bringen ist, mithin erleidet er blos $^2/_6 = ^1/_3$ des Verlustes, während der Andere $^2/_3$ zu tragen hat.

Die Meinung des R. Abraham b. David[2]) und anderer Autoritäten geht aber dahin, dass der Verlust in zwei gleiche Hälften zu theilen sei.

Wollen jedoch Beide an Gewinn und Verlust zu gleichen Theilen participiren, so muss der Einleger dem Geschäftsführer einen täglichen Lohn seinem anderweitigen Versäumnisse entsprechend bezahlen; betreibt aber der Geschäftsführer neben dem gemeinschaftlichen noch ein anderes Geschäft für sich allein, so genügt es, wenn der Einleger ihm irgend eine Pauschalvergütung für seine Mühewaltung gibt.[3])

§. 92.

Das Verhältniss der Gesellschafter unter sich.

Die Gesellschafter sind, sofern sie nicht ein besonderes

---

1) Maim. Schutfim c. 6, §. 2 ff.; Jore Dea c. 177, §. 4.

2) ראבד zu Maim. a. a. O.; vergl. Baba Mezia 68ᵇ; Jore Dea c. 177; Sifse Kohen Gl. 10.

3) Baba Mezia 68ᵃ, Maim. Schutfim c. 6, §. 2; Jore Dea c. 177, §. 2; Siehe Ture Sahab Gl. 3 und Sifse Kohen Gl. 5.

Uebereinkommen getroffen haben, gleichartig berechtigt und verpflichtet; die Verpflichtungen des Einen sind die Rechte des Anderen, es ist dies ein gegenseitiger dinglicher Vertrag. Sie müssen einander über die geführten Geschäfte Rechnung legen, Gewinn und Verlust gemeinschaftlich theilen, resp. tragen und überhaupt die vereinbarten Bedingungen einhalten, und so solche nicht verabredet wurden, sich nach dem kaufmännischen Usus ihres Ortes richten (כמנהג הסוחרים).

Keiner der Gesellschafter darf ohne Bewilligung des anderen auf seinen Theil mit einem Dritten in ein Gesellschaftsverhältniss treten, oder mit anderen Artikeln als mit den verabredeten Geschäfte machen, oder aber Gegenstände, die gewöhnlich gegen Baarzahlung verkauft werden, auf Credit veräussern, endlich nichts von dem Gesellschaftsvermögen eigenmächtig einem Dritten in Verwahrung geben u. dgl. m. Ein jeder Verlust, der durch eine dieser unberechtigten Handlungen etwa entsteht, fällt dem Thäter allein zur Last, während ein hiedurch erzielter Gewinn ein gemeinschaftlicher ist.[1]

Wurde bestimmt, dass die Gesellschafter abwechselnd eine gewisse Zeit das Geschäft zu führen haben, und wird von dem gemeinschaftlichen Gute etwas gestohlen oder verloren, so muss der, welcher zur Zeit des Diebstahls das Geschäft zu führen hatte, gleich dem, der eine Sache für Lohn aufbewahrt (ש"ש), den Abgang ersetzen; war er aber zu jener Zeit zur Geschäftsführung nicht verpflichtet und hat er den Anderen bloss aus Gefälligkeit vertreten, so ist er dem gleich, der unentgeltlich eine fremde Sache in Verwahrung hat (ש"ח), er ist daher weder für Diebstahl noch fürs Verlorengehen verantwortlich.[2]

§. 93.

Auflösung des Gesellschaftsvertrages.

Das gesellschaftliche Verhältniss wird aufgelöst:

1. Durch den Tod des Einen der Gesellschafter, denn das Vermögen des Verstorbenen geht sofort auf seine ge-

---

[1] Maim. Schutfim c. 5, §. 1; Ch. M. c. 176, §. 10.
[2] Baba Batra 42b, 43; Ch. M. c. 176, §. 8. Siehe Sifse Kohen Gl. 16.

setzlichen Erben über und eine Gesellschaft kann längstens auf Lebenszeit geschlossen werden, ihre Erstreckung auf die Erben ist (mit Ausnahme bei einem Pachtvertrag[1]) unzulässig und nichtig.[2]) Selbst unter den überlebenden Gesellschaftern hört die Societät auf, so es im Gesellschaftsvertrage nicht anders bedungen wurde.[3])

2. Wenn beim Abschlusse des Vertrages die Dauer des Gesellschaftsverhältnisses festgesetzt wurde, so ist mit dem Ablaufe der Zeit auch die Gesellschaft aufgelöst. Bevor jedoch der bestimmte Zeitpunkt erreicht ist, kann keiner der Gesellschafter eine Theilung fordern, es wäre denn, dass das ganze Gesellschaftsvermögen in Verlust gerathen ist, in welchem Falle die Gesellschaft sich von selbst auflöst[4]).

3. Wurde keine Zeit festgesetzt, so steht es in der Regel einem jeden Gesellschafter frei, zu jeder Zeit die Auflösung und Theilung des Capitals und Gewinnstes zu verlangen, wenn jedoch die gemeinschaftliche Waare in einem Artikel besteht, dessen vortheilhafter Verkauf von einer bestimmten Zeitperiode abhängt, so kann das gesellschaftliche Verhältniss vor Eintritt dieser Zeit einseitig nicht gelöst werden.[5])

§. 94.

Theilung des Gesellschaftsvermögens.

Besteht bei der Auflösung der Gesellschaft das Vermögen in Waaren oder überhaupt in Sachen, die getheilt

---

1) Sifse Kohen Ch. M. c. 176, Gl. 35.

2) Maim. Schutfim c. 5, §. 11; Ch. M. c. 176, §. 19. Darüber ob auch bei עסקא dieses Gesetz Anwendung findet, sind die Ansichten getheilt. Siehe Ch. M. a. a. O.

3) Ch. M. a. a. O.

4) Baba Mezia 105; Maim. a. a. O. c. 4, §. 4; Ch. M. 176, §. 15. Bei עסקא kann der Geschäftsführer gleich dem Taglöbner (§. 49) zu jeder Zeit das Verhältniss auflösen, nicht aber der Einleger. (Ch. c. 176, c. 23).

5) Gittin 31b; Maim. a. a. O.; Ch. M. c. 176, §§. 16, 17. Alle die angeführten Gründe lösen die Gesellschaft nur auf, insofern es sich um neu einzugehende Verbindlichkeiten handelt, es werden aber nicht davon berührt die einzelnen durch die Societät eingegangenen Verpflichtungen oder die Forderung von Schulden, diese bleiben gemeinschaftlich bis zur Theilung (Ch. M. 176, §§. 20, 21).

werden können, so kann die Theilung in Abwesenheit des
einen Gesellschafters auf Verlangen des anderen durch drei
Fachmänner, die sich des allgemeinen Vertrauens erfreuen
und den Werth der betreffenden Waare genau anzugeben
verstehen, vorgenommen werden. Diese schätzen den Werth
ab und vertheilen dementsprechend die Sachen.[1])
    Sind es aber Gegenstände, die nicht getheilt werden
können, so werden sie auf Grund der vorgenommenen
Schätzung verkauft und der Erlös vertheilt. Geschah die
Theilung ohne drei Vertrauensmänner, so ist sie nichtig.[2])
    Besteht hingegen das Vermögen in Geld und zwar in
gleich guter und gangbarer Münze, so kann ein jeder Gesellschafter allein ohne Beisein des anderen und ohne Anwesenheit von Vertrauensmännern seinen Antheil sich nehmen
und den des anderen abwesenden Theils beim Gericht deponiren (זוזי כמאן דפלגי דמי[3]) „denn Geld ist an sich wie
getheilt“ und beide Theile sind ohnehin zur Rechnungslegung
verpflichtet.
    Anmerkung. Nach römischem Recht kann eine
aussergerichtliche Theilung wegen dolus, nach der Meinung
vieler Juristen auch wegen Irrthums angefochten werden.
Die gerichtliche Theilung kann aber erst dann angestellt
werden, wenn unter den Parteien feststeht, dass und in welchem
Verhältnisse der zu theilende Gegenstand ein gemeinsamer
ist. Bei der Theilung muss der Richter die Vereinbarungen
der Parteien beachten, im Uebrigen hat er seinem eigenen
Ermessen zu folgen ; denn er ist ein Arbiter im Sinne des
altrömischen Civilprocesses ; er kann also die gemeinsamen
Sachen reell unter die Gesellschafter theilen, oder dem einen
Gesellschafter diese, dem anderen jene Sache zusprechen, oder
dem einen das Eigenthum der Sachen zuerkennen, dem
anderen den Niessbrauch daran oder ein Servitut bestellen ;
oder dem einen das Alleineigenthum der Sachen zusprechen
und ihm die Zahlung einer Summe an den anderen auferlegen ;
oder die Sachen versteigern (sei es unter den Gesellschaftern,
sei es auch unter dritten Personen) und den Erlös unter die

---

[1]) Baba Mezia 31[b]; Maim. Schutfim c. 5, §. 9; Ch. M. c. 176, §. 18.
[2]) Tur Ch. M. c. 176.
[3]) Baba Mezia 69[a]; Maim. und Ch. M. a. a. O.

Gesellschafter vertheilen. Das Theilungsurtheil kann in derselben Weise wie ein anderes Urtheil angefochten werden. (Baron, Pandekten §. 302).

§. 95.
Gemeinschaft ohne Verabredung.

Erben unter einander oder Mitbeschenkte bilden vor der Theilung der Erbschaft resp. des Geschenkes eine Gemeinschaft ohne vorhergegangene Verabredung. Sie sind Gemeinschafter ohne Vertrag und unter sich in ähnlicher Weise verpflichtet und berechtigt wie die vertragsmässigen Gesellschafter; ein jeder von ihnen muss das, was er infolge der Gemeinschaft erwirbt, mit den anderen theilen und ist andererseits berechtigt, den Mitgebrauch und die Mitbenützung der gemeinsamen Sachen zu verlangen und Ersatz für die etwa nöthigen und nützlichen Ausgaben zu beanspruchen[1]). Doch steht es keinem frei, ohne Einwilligung der anderen Gemeinschafter irgend eine Sache für seinen ausschliesslichen Gebrauch zu verwenden oder für gemeinsames Geld etwas für sich oder für seine Gattin und Kinder zu kaufen[2]).

Bei der Theilung der Verlassenschaft werden selbst die Kleidungsstücke, die der eine oder der andere der Erben aus dem Nachlasse sich angeschafft hat, abgeschätzt und in Rechnung gezogen; ebenso sind die Festkleider, welche einer der Erben vom Gelde der Verlassenschaft für seine Gattin oder Kinder gekauft hat, in Rechnung zu bringen, nicht aber die für die Familie angeschafften Alltagskleider[3]). Eine Ausnahme bildet bloss der Aelteste der Erbberechtigten, dessen Kleider nur dann in Rechnung zu ziehen sind, wenn beim Kaufe derselben die anderen Erben Widerspruch erhoben haben.[4])

---

[1]) Baba Bathra 143b; Maim. Schutfim c. 8, §. 7; Nachloth c. 9, §. 1; Ch. M. c. 176, §. 9, c. 287, §. 1.

[2]) Baba Kamma 11b; Maim. Nachloth c. 10, §. 3; Ch. M. c. 176, §. 9, c. 288, §. 1.

[3]) Baba Kamma a. a. O.; Maim. a. a. O.; Ch. M. c. 176, §. 9, c. 288, §. 1.

[4]) Baba Kamma a. a. O.; Tur. Ch. M. c. 288 und R. M. Isserls Gl. §. 1.

7*

VI. Hauptstück.

Der Ehevertrag.

I. Capitel. Einleitung.

§. 96.

Begriff und Arten.

Der Ehevertrag entsteht durch die Vereinigung des Willens von Mann und Weib in ungetheilter Lebensgemeinschaft verbunden zu sein und wird mit dem eingegangenen Ehebündniss geschlossen. Was nun die Eheschliessung an und für sich betrifft, sowie die Art und Weise, wie dieselbe zu schliessen sei, und welche gegenseitige Rechte und Pflichten die beiden Gatten mit der Ehe übernehmen, das gehört in das Familien- und Eherecht. (Dies alles wird in mehreren Tractaten des Talmuds und im Eben-Haeser ausführlich behandelt.)

Mit dem Ehevertrage in engster Verbindung steht aber:

1. Der Vertrag über die Mitgift (נדוניא, das Heiratsgut);
2. Der Vertrag über die Morgengabe (כתובה, Kethuba) und
3. Der Vertrag über die sogenannte Wiederlage (תוספות כתובה, Donatio propter nuptias).

§. 97.

Der Vertrag über das Heiratsgut.

Heiratsgut (נדוניא, Dos) ist in der Regel das, was von der Gattin oder für sie von einem Dritten dem Gatten als Beitrag zur Bestreitung der Lasten im ehelichen Leben gegeben oder versprochen wird. Gewöhnlich wird das Heiratsgut vom Vater der Braut, oder, wenn dieser bereits gestorben ist, von den Brüdern aus dem Nachlasse geleistet,[1] in seltenen Fällen auch von anderen Personen gegeben. Aber nicht bloss der Vater der Frau trägt zur Erleichterung des ehelichen Haushaltes durch die Mitgift bei, auch der Vater

---

[1] Siehe Kethubot 68ᵃ; Maim. Jschot c. 20 und Eben Haeser c. 113.

des Mannes pflegt nicht selten seinem Sohne einen bestimmten
Betrag zu geben oder sich hiezu zu verpflichten.

Dieses Uebereinkommen der Brautleute oder deren
Väter resp. anderer Personen bezüglich des Heiratsgutes
bildet den Vertrag der Dos und ist derselbe ein obligatorisch
einseitiger, wenn bloss von Seiten der Braut ein Versprechen
gemacht, ein gegenseitiger hingegen, wenn auch von des
Bräutigams Seite eine Leistung übernommen wird.

§. 98.
Modus des Vertrags-Abschlusses.

Bezüglich des Modus, wodurch der Vertrag als rechtlich
geschlossen zu beurtheilen sei, ist zu unterscheiden wer die
Contrahenten sind.

Haben die Brautleute selbst die Vereinbarung bezüglich
der Dos getroffen und zwar unmittelbar vor der Verlobung
(אירוסין, קידושין), so ist der Vertrag durch das blosse Versprechen rechtsgiltig, ohne dass irgend ein Zueignungsact
erforderlich wäre.[1]) Sind aber die Väter die Contrahenten,
so ist zur Giltigkeit des Vertrages durch das mündliche
Uebereinkommen noch erforderlich, dass jener Theil der
Brautleute, dessen Vater sich obligirt, bisher unverheiratet
gewesen und dass die von ihm einzugehende Eheschliessung
seine erste sei; widrigenfalls wäre der Vertrag erst dann
perfect, wenn der symbolische Act des Mantelgriffs vollzogen
wurde.[2])

Wird endlich das Heiratsgut von den Brüdern der
Braut oder von einer fremden Person versprochen, so muss
der Vertrag stets durch den Mantelgriff bekräftigt werden.[3])

Durch den rechtskräftigen Abschluss des Vertrages
tritt der Verpflichtete zu den Brautleuten in das Verhältniss des Schuldners zum Gläubiger; doch ist er erst dann

---

[1]) Maim. Ischot c. 23, §. 13; Eben Haeser c. 51, §. 1. Siehe
Raschi Kethubot 102ᵃ.

[2]) Kethubot 102ᵃ, כמה אתה נותן לבנך כך וכך וכמה אתה נותן.
לבתך כך וכך עמדו וקדשו הן הן הדברים הנקני' באמירה. Im Talmud Jeruschalmi (Kethubot c. 5, Halacha 1) wird die Bedingung gestellt:
ובלבד מן הנישואין הראשונים. So codificirt es R. J. Alfasi und R.
Ascher a. a. O.; Maim. Ischot c. 23, §. 14 und Sechia c. 6, §. 17;
Eben Haeser c. 51, §. 1.

[3]) Talmud Jeruschalmi a. a. O.; Maim. und Eben Haeser a. a. O.

zur Leistung verpflichtet, wenn die Ehe vollends geschlossen wird (נישואין); stirbt aber einer der beiden Verlobten vor vollzogener Ehe (בעודה ארוסה), so ist der Vertrag aufgelöst und hat die überlebende Verlobte selbst dann kein Recht von ihrem Vater die versprochene Mitgift zu fordern, wenn der Bruder des Verstorbenen die Leviratsehe vollziehen will, weil es unzweifelhaft ist, dass die Leistung nur behufs des wirklichen Vollzugs der Ehe mit dem betreffenden Manne versprochen wurde (שכל הפוסק אינו פוסק אלא על מנת לכנוס), da aber die Ehe mit diesem Manne nicht vollzogen worden ist, kann der Verpflichtete einwenden: „deinem Bruder wollte ich das Heiratsgut geben, dir aber (dem Levir) nicht" (לאחיך הייתי רוצה לתן ולך איני רוצה לתן[1]) Uebrigens wird die Schuld, selbst wenn die Ehe vollzogen wird, nur als eine mündliche (מלוה על פה), nicht aber als eine auf einem Schuldschein beruhende (מלוה בשטר) beurtheilt.[2])

Anmerkung. Nach römischem Rechte kann die Dos durch Hingabe oder durch Versprechen bestellt werden. Die Hingabe der Dos (datio dotis) besteht darin, dass der Gegenstand der Dos sofort und ohne vorgängiges Versprechen in das Vermögen des Mannes gebracht wird, und besteht dieselbe in körperlichen Sachen, so ist das erforderliche Rechtsgeschäft die Tradition des Gegenstandes. Oft wird unter den Parteien eine Schätzung in Geld vorgenommen, entweder mit der Abrede, dass der Mann als Käufer der Sache angesehen und die Schätzungssumme als der eigentliche Dotalgegenstand gelten solle (sog. dos venditionis causa aestimata), oder um, falls es späterhin einer Werthbestimmung bedürfen sollte, jeden Streit darüber vorzubeugen (sog. dos taxationis causa aestimata). Im ersteren Falle gelten durchaus die Grundsätze vom Kauf, es muss daher der Mann nach Aufhebung der Ehe die Schätzungssumme leisten, selbst

---

[1]) Kethubot 66a; Maim. Ischot c. 23, §. 15; Eben Haeser c. 52, §. 2.

[2]) Kethubot 102b; Siehe Tosafoth s. v. ניתנו; Maim. Ischot c. 23, §. 17 und Sechia c. 6, §. 17; Eben Haeser c. 51, §. 1. Bezüglich der Interpretation des דברים הללו לא נתנו לכתוב (Kethubot a. a. O.) sind die Ansichten verschieden; siehe Tur und Bet Josef, Eben Haeser c. 51.

wenn die ihm gegebenen Sachen inzwischen durch Zufall untergegangen sind. Im letzteren Falle hingegen bleiben die ihm gegebenen Sachen der Dotalgegenstand und die Schätzungssumme ist nach Auflösung der Ehe erst dann zu zahlen, wenn die Sachen selbst aus einem von dem Manne zu praestirenden Grunde nicht geleistet werden können; es steht aber in diesem Falle der Mann nicht bloss für die diligentia quam in suis ein, sondern für custodia schlechthin. In der Mitte zwischen diesen beiden Fällen steht der Fall, wo die Schätzung zwar conditionis causa geschehen, zugleich aber verabredet ist, dass nach Auflösung der Ehe dem Manne oder der Frau die Wahl zustehen solle, die Sache selbst oder deren Werth zurückzugeben resp. zu fordern; es entsteht alsdann eine alternative Obligation, den Zufall trägt immer der Mann.

Das Dotalversprechen hingegen musste nach classischem Recht in Form der Stipulation (promissio dotis) oder der dotis dictio abgegeben werden; im Justinianischen Recht st die dotis dictio abgekommen, andererseits der formlose Vertrag hinzugetreten; ferner unterscheidet sich die Bestellung der Dos durch Hingabe von der durch Versprechen darin, dass, wenn keine Intention der Parteien vorliegt, im ersten Falle bei der dos venditionis causa aestimata beim Kaufe der Eigenthumsübergang bis zur Zahlung des Kaufpreises, so die Dosbestellung bis zur Eingehung der Ehe suspensiv bedingt ist und dass also der Eigenthumsübergang erst im Augenblick der Eingehung der Ehe stattfindet; bei jeder andern Dos wird der sofortige Eigenthumsübergang auf den Mann angenommen; im letzteren Fall wird die gerichtliche Geltendmachung des Versprechens erst mit der Eingehung der Ehe zulässig und es verliert seine Wirksamkeit, wenn die Ehe nicht zu Stande kommt. (Baron, Pandekten §. 332.)

§. 99.
Besitz und Haftung der Mitgift.

Mit dem Vollzug der Ehe erwirbt der Gatte das Besitzrecht und die Nutzung des Heiratsgutes. Besteht dasselbe in Geld oder in beweglichen oder unbeweglichen Gütern, die vorher abgeschätzt und in Geld berechnet wurden, so

muss der Gatte die Haftung für dieselbe übernehmen (אחריות)
und ihm gehört ein jeder aus der Mitgift in der Folge erzielte Gewinn, so wie er einen jeden Verlust zu tragen hat
und zwar letzteren, wenn nachher die Ehe durch Scheidung
oder durch den Tod des Mannes aufgelöst wird; es erhält
die Gattin als Eigenthümerin des Heiratsgutes dasselbe ohne
Rücksicht auf den inzwischen erzielten Gewinn oder erlittenen
Verlust in demselben Werthe, den es bei der Eheschliessung hatte, bloss der durch Abnützung etwa erlittene Schaden
wird in Abrechnung gebracht.

Das vom Ehemanne übernommene Heiratsgut (נדוניא)
heisst aus diesem Grunde: (נכסי צאן ברזל) „Güter des eisernen
Schafes", weil es für die Gattin ein sicheres Capital bildet.[1]

Hat hingegen der Gatte die Haftung nicht übernommen (לא קבל הבעל עליו אחריות), so ist die Mitgift gleich
jenen Gütern der Gattin, die sie nicht als Heiratsgut dem
Manne eingebracht hat oder jenen, die ihr als Verlobte
(ארוסה) als Erbtheil zugefallen waren, die der Mann bloss
zur Verwaltung und zum Fruchtgenuss übernimmt, deren
Gewinn und Verlust aber nicht den Mann sondern die Gattin berühren. Diese werden נכסי מלוג genannt, („Güter,
welche gleichsam gerupft werden"), weil der Mann die
Früchte derselben pflückt, und die Frau für den Grundstock
haftend bleibt.[2]

§. 100.
Die Kethuba (sog. Morgengabe).

Die von dem Gatten der Gattin zuzuschreibende Morgengabe (כתובה, Kethuba) ist eine Obligation, die in der positiven Gesetzesvorschrift ihre Begründung hat. Nach allgemeiner Ansicht ist die Kethuba eine rabbinische Institution,
die den Gatten verpflichtet seiner Gattin, wenn er sie als
Jungfrau heirathet, mindestens zwei hundert Sus, und wenn

---

[1] Jebamot 66ᵃ; Maim. Ischot c. 16, §. 1; Eben Haeser c. 85,
§. 2. Nach anderer Ansicht haftet der Mann für die Mitgift und gehört
sie zu den נכסי צאן ברזל selbst dann, wenn keine Schätzung vorgenommen wurde und der Mann zur Uebernahme der Haftung אחריות sich
nicht ausdrücklich erklärt hat. Siehe Eben Haeser c. 85, §. 2.

[2] Jebamot a. a. O.; Kethubot 79ᵃ; Maim. a a. O. §§. 1, 2;
Eben Haeser c. 85, §. 2.

er keine Jungfrau zum Weibe nimmt, ihr hundert Sus zu verschreiben.[1]) Diese Beträge ist die Gattin erst dann berechtigt zu fordern und darüber nöthigenfalls gerichtliche Execution zu führen, wenn die Ehe durch den Tod des Mannes oder durch Scheidung aufgelöst wurde.[2]) Hat eine Auflösung der Ehe durch Scheidung nicht stattgefunden, so ist beim Leben des Mannes bezüglich der Kethuba das Verhältniss der Gattin zum Gatten das des Gläubigers mit einer Schuldurkunde zum Schuldner (מלוה בשטר) und haften die Güter des Mannes für den Betrag der Kethuba.[3]) Stirbt aber das Eheweib beim Leben des Mannes, so ist die Obligation als erloschen zu beurtheilen.[4])

A n m e r k u n g. Die Fälle, in denen die Gattin selbst nach aufgelöster Ehe weder auf Zahlung der Kethuba noch auf die der Wiederlage Anspruch erheben kann, so wie die Fälle, in denen der Mann nicht verpflichtet ist, die zu Grunde gegangenen Sachen der Mitgift zu ersetzen, gehören in das Eherecht. (Siehe Eben Haeser c. 115—118).

---

[1]) Kethubot 10ᵃ; Maim. Ischot c. 11, §. 1, c. 16, §. 3; Eben Haeser c. 66, §. 6. Nach der Ansicht des R. Simon b. Gamliel (Kethubot a. a. O.) wäre die Kethuba einer Jungfrau mosaisch (דאורייתא) angeordnet; darin pflichten ihm auch R. Jacob Tam und R. Iizchak Hasaken bei. (Siehe Tosafot Kethubot a. a. O. s. v. אמר.

[2]) Kethubot 81ᵃ; u. a. O. כתובה לא ניתנה לגבות מחיים; Maim. Ischot c. 16, §. 3; Eben Haeser c. 93, §. 1.

[3]) Kethubot 84ᵃ; u. a. m. O.; Maim. und Eben Haeser a. a. O. Ueber die einzelnen Unterschiede zwischen einer Schuld mit einer Urkunde (מלוה בשטר) und der Kethuba siehe Maim. a. a. O. §. 4, ff.; Eben Haeser c. 100, Zur Zeit der Tanaiten und der Amoräer gab es Ortschaften, in welchen keine schriftliche Urkunde über die Kethuba ausgestellt wurde (מקום שאין כותבין כתובה); da jedoch die Kethuba eine gesetzliche Vorschrift ist (תנאי ב"ד), so hatte die Gattin die gleichen Rechte, als ob ihr eine Urkunde gegeben worden wäre. (Siehe Kethubot 89ᵃ; Maim. Ischot c. 16, §. 22; Eben Haeser c, 100, §. 6.)

[4]) Bezüglich der Ansprüche auf כתובת בנין דכרין d. i. der Söhne der ersten Ehe, deren Mutter gestorben und deren Vater eine zweite Ehe geschlossen hat und bei seinem Tode auch Söhne aus dieser zweiten Ehe zurückgelassen hat, siehe Kethubot 52ᵇ, Maim. Ischot c. 19; Eben Haeser c. 111. Dies gehört in das Erbrecht; vergl. mein Erbrecht §. 32.

§. 101

Die Wiederlage (contra dos).

Das, was der Bräutigam bei der Eheschliessung zur Vermehrung der Kethuba der Braut aussetzt, wird תוספות כתובה (Vermehrung der Kethuba, Wiederlage) genannt und ist gleich der Kethuba als Schuld des Mannes zu betrachten, die das Weib ebenfalls erst nach aufgelöster Ehe erhält. Diese Schuldforderung entsteht durch das Versprechen des Mannes;[1]) es ist dies ein obligatorischer einseitiger Vertrag, der ohne einen Zueignungsact (קנין)[2]) durch den Vollzug der Ehe und durch die bestimmte Angabe in der Urkunde der Kethuba als abgeschlossen angesehen wird; (תנאי כתובה ככתובה).[3]) Stirbt jedoch die Gattin beim Leben des Mannes, so erlischt die Forderung.

§. 102.

Vertrag über Alimentation der Stieftochter.

Heiratet Jemand eine Wittwe und verpflichtet er sich bei Eingehung der Ehe, die Tochter seiner Braut aus erster Ehe eine bestimmte Reihe von Jahren unentgeltlich mit Nahrung zu versehen (zu alimentiren), so ist dies ein einseitiger obligatorischer Vertrag, der, weil er zur Zeit der Eheschliessung verabredet wurde, als שטר פסיקתא gleich der Vereinbaruug bezüglich des Heiratsgutes ohne einen Zueignungsact (קנין) durch das blosse Versprechen als abgeschlossen angesehen wird und rechtsgiltig ist.[4]) Die übernommene Verpfliohtung erlischt auch dann nicht, wenn die Ehe

---

[1]) Zur Bestimmung einer Wiederlage ist der Gatte gesetzlich nicht verpflichtet. Doch ist es Usus (מנהג) und allgemein üblich, dass der Mann dem Weibe eine Wiederlage aussetzt und zwar ein Drittel der Mitgift. Siehe hierüber Kethubot 54b; Maim. Ischot c. 16, §. 3, c. 23, §§. 11, 12; Eben Haeser c. 66, §§. 7, 11; Beth Schmuel Gl. 23.

[2]) Eben Haeser c. 66, §. 8. Nach der Ansicht Einiger wäre der symbolische Act des Mantelgriffs erforderlich. Siehe Gl. des R. M. Isserl a. a. O. und Beth Schmuel Gl. 18.

[3]) Kethubot 54b; Maim. Ischot c. 16, §. 3; Eben Haeser c. 66, §. 7. Doch unterscheidet sich die Wiederlage von der Kethuba in mancher Beziehung. Siehe hierüber die angeführten Quellen und Chelkat Mechokek Gl. 26, 27.

[4]) Kethubot 101b, ff.; Maim. Ischot c. 23, §§. 17, 18; Mechira c. 11, §. 17; Eben Haeser c. 114, §. 1, vergl. Ch. M. c. 60, §. 2.

der Mutter durch Scheidung aufgelöst und Mutter und Tochter das Haus des Verpflichteten verlassen, oder wenn die Tochter heiratet, wo doch der Gatte die Pflicht der Alimentation übernimmt; dies befreiet den Verpflichteten von der übernommenen Leistung nicht, er hat diese nur anstatt in natura, in einem entsprechenden Geldbetrag zu erfüllen. Nur der Tod der Berechtigten löst den Vertrag und hebt die Obligation auf.[1)]

Anmerkung. Die Donatio propter nuptias (bis zu Justinian genannt donatio ante nuptias) wurde in der späteren Kaiserzeit zu einer fast allgemein beobachteten Sitte. Der Mann oder ein Anderer für ihn (der Vater ist dazu gesetzlich verpflichtet) bestellt der Frau gewisse Güter als Gegengabe der Dos (antipherna). Es soll die Donatio propter nuptias der Dos an Umfang gleich sein. Wenn die Frau dem Manne einen bestimmten Theil der Dos auf den Fall ihres früheren Todes zusichert, so soll dies in gleicher Weise der Mann bezüglich der Donatio propter nuptias für den Fall seines Todes thun.

Wie bei der Scheidung die schuldbare Frau ihre Dos verliert, so verliert der schuldige Mann seine Donatio propter nuptias. Nach Aufhebung der Ehe hat die Frau, wenn keine Kinder da sind, kein Recht auf die Donatio propter nuptias, sind Kinder vorhanden, so erhält die Frau den Niessbrauch, das Eigenthum theilt sie mit den Kindern. Während der Ehe bleibt die Donatio propter nuptias im Eigenthum des Mannes, aber die Frau hat in Betreff ihrer eine Legalhypothek an seinem Vermögen wie wegen der Dos, und der Mann darf ein dazu gehöriges Grundstück nicht veräussern; bei Vermögensverfall des Mannes kann die Frau die Herausgabe der Donatio propter nuptias ebenso wie die der Dos schon während der Ehe verlangen. (Baron, Pandekten §. 346.)

Anhang. Ueber Erbverträge.

In Anbetracht dessen, dass das mosaisch talm. Recht die Reihenfolge der Erbberechtigten genau festsetzt und dem Erblasser nicht gestattet, dem Erbberechtigten die Erbschaft

---

[1)] Kethubot, Maim. und Eben Haeser a. a. O.

zu entziehen und einen Anderen als Erben einzusetzen,[1])
können Erbverträge nur in folgenden Fällen stattfinden, die
übrigens in das Erbrecht gehören und hier nur in Kürze
angedeutet werden.

1. Wenn der Erblasser die Willenserklärung macht,
dass unter den gleichberechtigten Erben der eine oder der
andere vorgezogen und von der Verlassenschaft einen grös-
sern Theil als die Miterben erhalten soll, ja sogar wenn er
diesem die ganze Verlassenschaft zu geben anordnet, so ist
dieser Vertrag nur dann giltig, wenn der Testator alle die
im Ch. M. c. 281 angegebenen Bedingungen und Formalit-
acten genau beobachtet, widrigenfalls wäre die Anordnung
nichtig.[2])

2. Schenkungen von Todeswegen (מצוה, מתנת שכיב מרע
מחמת מיתה), Vermächtnisse.[3])

Nach dem Rechtsatz דברי שכ"מ ככתובי׳ וכמסורי׳ דמי genügt
das blosse müudliche Anordnen des kranken Schenkers,
ohne dass irgend ein Zueignungsact (קנין) erforderlich ist.
Doch kann der Schenker die Schenkung zu jeder Zeit rückgängig machen und wenn er von der Krankheit wieder
genesen ist, ist der Vertrag von selbst aufgelöst. Die rechtliche Wirkung dieses Schenkvertrages tritt erst mit dem
Tode des Schenkers ein.

---

1) Siehe mein mos. talm. Erbrecht §. 63.
2) Das. §. 64.
3) Das. §. 72.